DAS**NEO-SOUL GITARRENBUCH**

Ein kompletter Leitfaden für den Neo-Soul-Gitarrenstil mit Mark Lettieri

SIMON**PRATT**
KRISTOF**NEYENS**
MARK**LETTIERI**

FUNDAMENTAL**CHANGES**

Das Neo-Soul Gitarrenbuch

Ein kompletter Leitfaden für den Neo-Soul-Gitarrenstil mit Mark Lettieri

Veröffentlicht von

www.fundamental-changes.com

Copyright © 2019 Simon Pratt und Kristof Neyens

ISBN: 978-1-78933-114-1

Mit Joseph Alexander

www.fundamental-changes.com

Besonderer Dank gilt Mark Lettieri für die Bereitstellung der Tracks *Coastin'* und *Sunday Brunch* © Mark Lettieri

Inhaltsverzeichnis

Einleitung

Als ein Genre der populären Musik entstand Neo-Soul in den späten 90er Jahren und wurde von Künstlern wie D'Angelo, Jill Scott, Erykah Badu, Lauryn Hill und vielen anderen wegweisend gestaltet. Der Begriff „Neo-Soul" wurde von Kedar Massenburg von Motown Records geprägt, um den Stil von konventionellerem Soul und RnB zu unterscheiden.

Als wir den Neo-Soul entdeckten, verliebten wir uns sofort. Die Kombination aus Gospel, RnB, Funk, Jazz und Hip-Hop verschmolz nahtlos alle unsere Lieblingsgitarrenstile zu einem herrlichen Sound. Jetzt, einige Jahre später, ist es eine wirkliche Ehre, ein Buch über dieses Thema schreiben zu dürfen.

In diesem Buch werden wir uns mit den wichtigsten Techniken, Ansätzen und Konzepten des modernen Neo-Soul-Gitarrenstils befassen und diese für dich in eine Reise von über 100 musikalischen Beispielen, Übungen und Songs unterteilen.

Wir fühlen uns geehrt, dass wir für dieses Buch mit Mark Lettieri von der Band Snarky Puppy zusammenarbeiten durften. Marks Stil ist geprägt vom Einfluss von Künstlern wie „Spanky" Alford, Jubu, Jonathan Dubose und Curtis Mayfield, um nur einige zu nennen, und wir freuen uns, dass er zwei exklusive Stücke für dieses Buch geschrieben hat, die man vollständig lernen kann. Außerdem hat Mark Videos zu ihnen aufgenommen, so dass du mit ihm jammen kannst.

Wenn du bisher noch nicht viel Neo-Soul gehört hast, ist es wichtig, den Klang in die Ohren zu bekommen, indem du aufmerksam hinhörst. Sieh dir auf jeden Fall die Künstler an, die wir bisher erwähnt haben, um zu verstehen, woher diese Musik stammt. Außerdem werden wir in diesem Buch auf Gitarristen verweisen, die uns selbst gefallen und die die gegenwärtigen Fackelträger der Neo-Soul-Flamme sind. Dies sind die Gitarristen, die das Genre derzeit vorantreiben:

- Todd Pritchard

- Kerry ‚2Smooth' Marshall

- Landon Jordan

- Magnus Klausen

- Beau Diakowicz

- Jesaja Sharkey

- Curt Henderson

- Justus West

Wenn du nur drei Tracks hören möchtest, die den heutigen Neo-Soul-Gitarrensound wirklich einfangen, solltest du unbedingt Montreal von Mark Lettieri, Movie von Tom Misch und Nakamarra von Hiatus Kaiyote anhören. Das ist Neo-Soul mit einem zeitgenössischen Touch.

Diese Tracks können der Ausgangspunkt einer musikalischen Entdeckungsreise sein und machen dich mit den stilistischen Ansätzen des Genres bestens vertraut. Es gibt viele Wiedergabelisten auf YouTube und die Zeit, die du mit dem Hören verbringst, wird dein Wissen und Verständnis von Neo-Soul massiv erweitern und dich hoffentlich dazu inspirieren, dich durch die Lektionen in diesem Buch zu spielen. Außerdem macht es Spaß und ist funky, so dass du viel Freude dabei haben wirst. Du kannst dich später bei uns dafür bedanken!

Dieses Buch ist in zwei Teile gegliedert. Der erste Teil taucht direkt in die Materie ein und behandelt technische, harmonische und Einzelnotenansätze der größten Neo-Soul-Gitarristen. Sie werden zu musikalischen Beispielen verdichtet, die du sofort verwenden kannst. Wenn du diese Ansätze auf deine eigenen Akkordfolgen und Riffs anwendest, wirst du schnell deinen eigenen, einzigartigen Stil auf der Gitarre entwickeln.

Alle Techniken werden anhand aktueller Akkordfolgen vermittelt, die du sofort auf deine eigene Musik übertragen kannst. Zögere also nicht, unsere Ideen zu kopieren!

Der zweite Teil dieses Buches beginnt ab Kapitel Sieben und besteht aus vier brandneuen Neo-Soul-Gitarrenstücken, die speziell für dieses Buch in Auftrag gegeben wurden. Zwei Stücke sind von Mark Lettieri und zwei Stücke von uns (Simon und Kristof). Diese Stücke wurden geschrieben, um deine Performance-Fähigkeiten zu verbessern und dir mehr musikalische Anwendungen der Techniken in Teil Eins zu zeigen.

Wenn Neo-Soul neu für dich ist, empfehlen wir dir, dich von Anfang bis Ende durch dieses Buch zu arbeiten, damit du die Techniken auf logische Weise erlernen und entwickeln kannst. Wenn du schon eine Weile Neo-Soul spielst und nur nach ein paar frischen Ideen suchst, kannst du gerne einsteigen, wo immer du willst!!

Wir glauben an den Wert eines „Jam Buddys" oder einer Band zum Üben, aber wir sind uns bewusst, dass dies nicht für jeden möglich ist. Um dir das Jammen zu erleichtern, haben wir Drum- und Backing-Tracks beigefügt, um den Neo-Soul-Lernprozess so praxisorientiert wie möglich zu gestalten. Am Ende des Buches findest du weitere Details zur Verwendung dieser Tracks.

Wir hoffen, dass dieses Buch ein wertvolles Werkzeug sein wird, um deine Neo-Soul-Gitarrenfähigkeiten zu entwickeln oder aus alten Bahnen auszubrechen. Es wird definitiv neue Herausforderungen und Erkenntnisse bringen, wenn du versuchst, dein Spiel zu verbessern.

Es sei schließlich darauf hingewiesen, dass Neo-Soul, obwohl er sich sehr gut für das Spielen auf E-Gitarren eignet, auch gut auf Akustikgitarren funktioniert. Wir hoffen, dass du viel Freude mit diesem Buch haben wirst und deine Spielfähigkeiten erweitern kannst.

Viel Spaß beim Spielen!

Simon und Kristof

Hol dir die Audios

Die Audiodateien zu diesem Buch können kostenlos von **www.fundamental-changes.com** heruntergeladen werden. Der Link befindet sich oben rechts auf der Website. Wähle einfach diesen Buchtitel aus dem Dropdown-Menü aus und folge den Anweisungen, um das Audio zu erhalten.

Wir empfehlen dir, die Dateien direkt auf deinen Computer herunterzuladen und sie dort zu extrahieren, bevor du sie zu deiner Medienbibliothek hinzufügst. Du kannst sie dann auf dein Tablet oder deinen iPod übertragen oder auf CD brennen. Auf der Download-Seite gibt es eine Hilfe-PDF und wir bieten technischen Support über das Kontaktformular an.

Hol dir die Videos

Es gibt viele Unterrichtsvideos zu diesem Buch, nicht zuletzt die beiden exklusiven Tracks von Mark Lettieri. Manchmal werden die Grenzen der Musiknotation der Nuancierung der Musik nicht ganz gerecht, also solltest du dir die Videos kostenlos herunterladen unter

https://www.fundamental-changes.com/neo-soul-videos/

Kindle / eReader

Um das Beste aus diesem Buch herauszuholen, denke daran, dass du auf jedes Bild doppelklicken kannst, um es zu vergrößern. Schalte die ‚Spaltenansicht' aus und halte dein Kindle im Querformat.

Über 10.000 Fans auf Facebook: FundamentalChangesInGuitar

Instagram: FundamentalChanges

Für über 350 kostenlose Gitarrenlektionen mit Videos besuche

www.fundamental-changes.com

Kapitel Eins – Akkord-Voicings und Verzierungen

Künstler im Rampenlicht: Todd Pritchard

Eines der größten Missverständnisse, auf das wir gestoßen sind, wenn wir Menschen Neo-Soul beibringen, ist der Glaube, dass man in der Lage sein muss, komplexe Akkord-Voicings und extrem schnelle Läufe zu spielen, um authentisch für das Genre zu klingen. In diesem Kapitel räumen wir diese Idee aus, indem wir dir einige grundlegende Voicings und Grooves zeigen, die den Neo-Soul-Sound einfangen, aber einfach zu verstehen sind.

Wir sind beim Anhören von Todd Pritchard auf die in diesem Kapitel vorgestellten Konzepte gestoßen. Todd ist einer der musikalischsten und groovigsten Gitarristen überhaupt. Schau dir seinen exzellenten Instagram-Kanal unter folgendem Link an:

https://www.instagram.com/toddpritch/

Nach Abschluss dieses Kapitels wirst du nicht nur ein gutes Verständnis für die wesentlichen Akkordformen haben, sondern auch verstehen, wie man sie auf einen Groove anwendet – eine Fähigkeit, die für den Neo-Soul-Sound von grundlegender Bedeutung ist. Am Ende dieses Kapitels befindet sich ein Originalstück von Simon mit dem Titel Penguin Suit, das alle in den Beispielen veranschaulichten Techniken enthält.

Ein großer Teil des Neo-Soul-Sounds ist die Verwendung von 6er und 7er Akkord-Voicings. Schlage die aus drei Noten bestehenden Emaj6 und Emaj7 Akkorde an und halte sie für vier Schläge. Achte darauf, dass du nur die angegebenen Saiten spielst.

Beispiel 1a

Häufig werden Fingersätze verwendet, bei denen ein 7er Akkord leicht mit einem Hammer-On von einem 6er Akkord aus gespielt werden kann. Mach in Beispiel 1b auf dem 6. Bund ein Barré und spiele mit dem vierten Finger auf dem 8. Bund der G-Saite ein Hammer-On. Selbst wenn du diese einfache Hammer-On-Verzierung hinzufügst, kannst du sofort die Grundlage der Bildung von Neo-Soul-Patterns hören.

Beispiel 1b

Die Kombination aus der beweglichen Major-7-Akkordform und dem unten gezeigten rhythmischen Muster ist für Neo-Soul grundlegend. Dieses Konzept ist das Rückgrat vieler klassischer Neo-Soul-Titel und wird in diesem Buch weiter ausgebaut.

Beispiel 1c

Neo-Soul beruht größtenteils auf die Dur-Pentatonik. Beispiel 1d fügt eine vierstimmige E-Dur-Pentatonik (E F# G# B C#) am Ende einer Akkordsequenz hinzu. Verwende das folgende E-Dur-Pentatonik Diagramm und spiele Beispiel 1d mehrmals durch, wobei du jedes Mal mit vier verschiedenen Noten endest. Machen dir keine Sorgen über die Reihenfolge – das Experimentieren ist entscheidend. Notiere dir deine Favoriten in deinem Übungstagebuch.

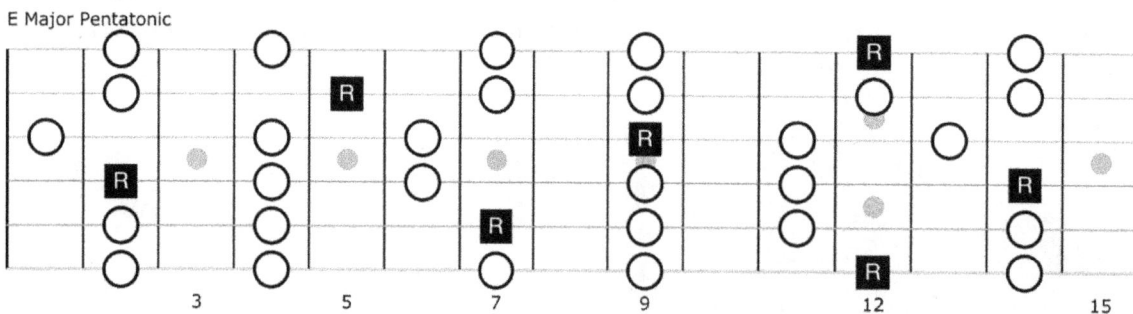

Beispiel 1d

Die Kombination von kleinen Akkord-Voicings mit melodischen Single-Note-Fills ist charakteristisch für den Neo-Soul-Sound und für den Bau von authentisch klingenden Gitarrenparts unerlässlich. Es gibt viele Möglichkeiten, Single-Note-Melodien zu artikulieren und das Hinzufügen einiger Slides wird dein Spiel wirklich beleben. Beispiel 1e fügt dem Major-7-Akkord einen gewöhnlichen Slide hinzu und bewegt die Idee zwischen EMaj7 und AMaj7. Beispiel 1e ist charakteristisch für Todd Pritchards Sound.

Beispiel 1e

Wenn du dich sicher fühlst, Akkordformen mit dem Grundton auf der A-Saite zu spielen, lass uns in einige Ideen mit dem Grundton auf der tiefen E-Saite eintauchen. Spiele die dreinotigen Akkordformen A6/9 und A6 und halte sie für vier Schläge. Wenn du Schwierigkeiten hast, die A-Saite zu dämpfen, spiele das Beispiel mit Fingerpicking oder Hybridpicking (Plektrum und Finger).

Beispiel 1f

Spiele in Beispiel 1g einen Hammer-On von der B- bis C#-Note auf der G-Saite, während du den Akkord gedrückt hältst. Auf diese Weise wechselst du zwischen einem A6/9-Akkord und einem A6-Akkord. Neo-Soul-Gitarrenparts verwenden oft einen Hammer-On oder Pull-Off, um Akkordformen zu wechseln. Achte darauf, dass das Hammer-On so deutlich erklingt wie die Noten auf der E- und D-Saite.

Beispiel 1g

Beispiel 1h kombiniert die in den vorherigen Beispielen erlernten Akkordformen und beinhaltet Major-7-Hammer-Ons mit einem Grundton auf der A-Saite und Major-6-Hammer-Ons mit einem Grundton auf der E-Saite. Dies ist ein spaßiger Mini-Jam zum Üben über Drum-Track 1.

Beispiel 1h

Diese dreinotigen Akkordformen Cmaj7 und Am7 mit einem Grundton auf der tiefen E-Saite sind im Neo-Soul sehr beliebt. Vielleicht bist du es gewohnt, größere fünf- oder sechsstimmige Voicings für diese Formen zu spielen, aber die in Beispiel 1i dargestellten Voicings lassen einen Finger frei, um Fills hinzuzufügen.

Beispiel 1i

Beispiel 1j stellt die Akkorde und den Groove vor, die in den nächsten Beispielen verwendet werden. Höre dir an, wie wir die Beispiele phrasieren, indem du das Audio von **www.fundamental-changes.com** herunterlädst.

Beispiel 1j

Beispiel 1k fügt den Akkorden des vorherigen Beispiels Hammer-Ons und Slides hinzu, mit Doppelgriffen (zwei Töne gleichzeitig gespielt) auf den Saiten D und G. Die zwischen den einzelnen Akkorden gespielten Doppelgriff-Noten stammen aus der G-Dur-Pentatonik (G A B D E).

Beispiel 1k

Erweitern wir die vorherige zweitaktige Progression zu einer viertaktigen Progression, die sich zum tonalen Zentrum von G-Dur auflöst. Bevor du zu den nächsten Beispielen übergehst, stelle sicher, dass du diese Akkordfolge auswendig spielen kannst.

Beispiel 1l

Durch das Hinzufügen von Doppelgriffen auf den D- und G-Saiten der G-Dur-Pentatonik-Tonleiter beginnen die Übergänge zwischen den Akkorden flüssig zu klingen und bekommen den überaus wichtigen Neo-Soul-Geschmack. Wenn du nach einer zusätzlichen Herausforderung suchst, experimentiere mit dem Hinzufügen von perkussiven, gedämpften Slaps über den Pausen in diesem Beispiel. Um eine perkussiven Dämpfung zu erzeugen, schlage die Saiten leicht mit den Knöcheln deiner Spielhand an.

Beispiel 1m

In diesem Buch möchten wir dir so viele Ideen wie möglich geben, die du für dein eigenes Spiel übernehmen kannst, deshalb haben wir neben den kürzeren Beispielen auch einige längere Stücke beigefügt, die du lernen kannst. Das erste dieser Stücke stammt von Simon und heißt *Penguin Suit*.

Bevor wir in das vollständige Stück eintauchen, haben wir einige der Hauptteile in mundgerechte Stücke zerlegt. Wir empfehlen, diese Beispiele durchzuarbeiten, bevor du das Stück in seiner Gesamtheit spielst.

Um die konkreten Fingersätze zu beherrschen, sieh dir das Video zu *Penguin Suit* an (**https://www.fundamental-changes.com/neo-soul-videos/**). Du wirst feststellen, dass Simon dieses Stück mit den Fingern zupft, aber es funktioniert genauso gut, wenn es mit einem Plektrum gespielt wird.

Beispiel 1n zeigt die Haupt-Hookline von *Penguin Suit*. Es basiert auf der D-Dur-Tonleiter (D E F# G A B C#). Übe jeden Akkord für sich, bevor du die Fills hinzufügst.

Beispiel 1n

Der B-Teil von *Penguin Suit* verwendet hauptsächlich Akkorde, die mit dem Grundton auf der sechsten Saite gegriffen werden und fügt zwischen den Akkorden Slides und Legatomuster hinzu.

Das Doppelgriff-Slide-Muster am Ende von Takt Zwei erfordert besondere Aufmerksamkeit, um einen sauberen Klang zu erzielen. Es gibt einige Möglichkeiten, dies zu greifen, aber wir empfehlen, einen Zeigefinger-Barré über dem zweiten Bund und den vierten und fünften Bund mit dem dritten und vierten Finger zu greifen.

Beispiel 1o

Beispiel 1p zeigt dir den A-Dur-Tonleiter-Lick, der am Ende von *Penguin Suit* erscheint. Achte darauf, wie die Kombination aus Legato und Slides diesem Lick seinen sanften, fließenden Klang verleiht.

Beispiel 1p

Der letzte Lauf im Stück verwendet die E-Dur-Skala in mehreren Positionen am Hals. Wenn diese Art von Lauf neu für dich ist, empfehlen wir dir, ihn in mundgerechten Stücken zu lernen, bevor du ihn kombinierst. Das Erlernen von nur vier Noten eines unbekannten Musters ist ein guter Ausgangspunkt und du wirst überrascht sein, wie viel weniger beängstigend eine längere Phrase wird, wenn du sie auf diese Weise auflöst.

Beispiel 1q

Nachdem du nun die einzelnen Licks, aus denen sich dieser Track zusammensetzt, abgeschlossen hast, fügen wir sie alle zur kompletten Version von *Penguin Suit* zusammen. Sieh dir das Video mehrmals an und höre dir die Phrasierung der einzelnen Teile des Stückes genau an.

https://www.fundamental-changes.com/neo-soul-videos/

Penguin Suit – Komplettes Stück

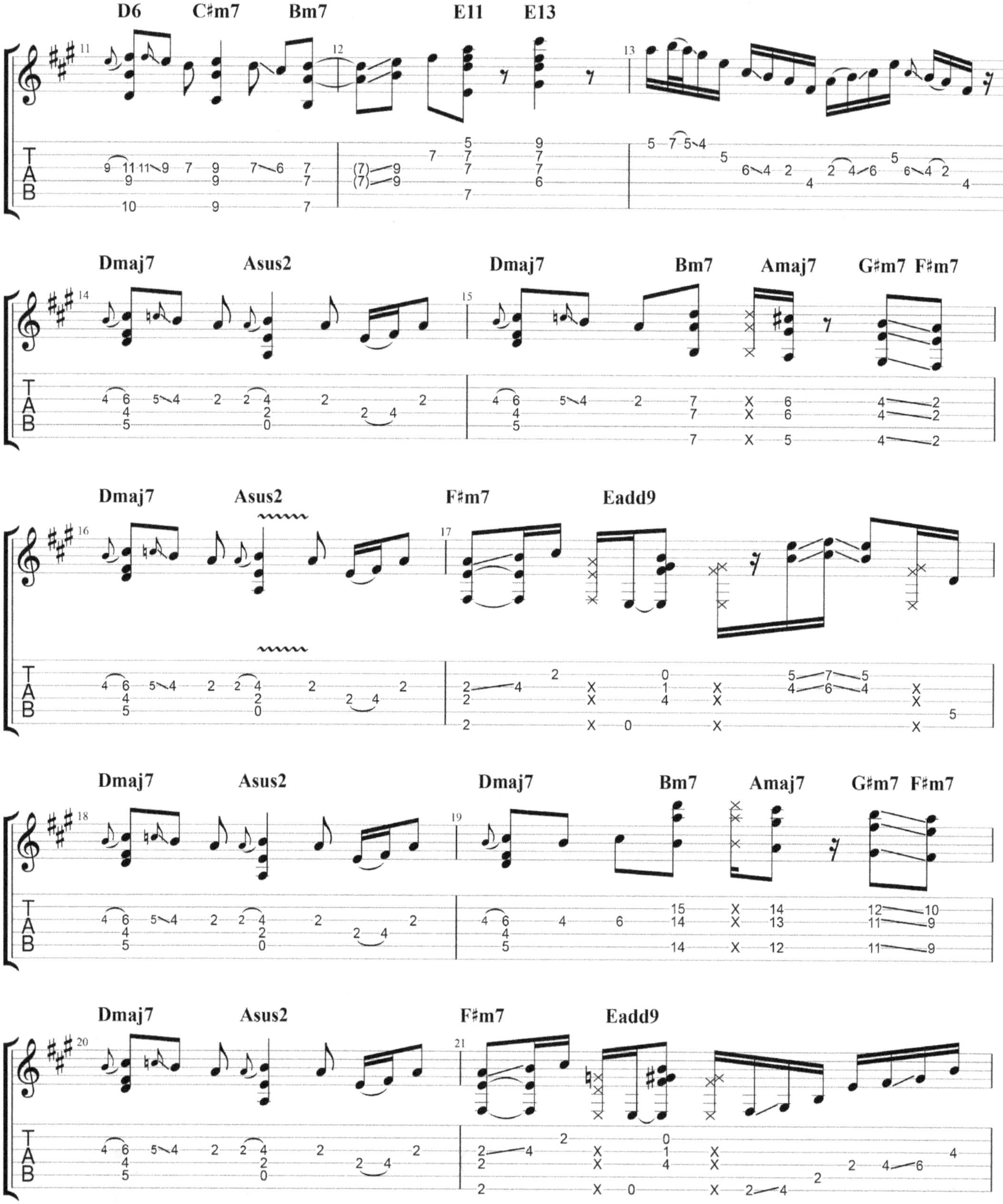
D6 C♯m7 Bm7 E11 E13
Dmaj7 Asus2 Dmaj7 Bm7 Amaj7 G♯m7 F♯m7
Dmaj7 Asus2 F♯m7 Eadd9
Dmaj7 Asus2 Dmaj7 Bm7 Amaj7 G♯m7 F♯m7
Dmaj7 Asus2 F♯m7 Eadd9

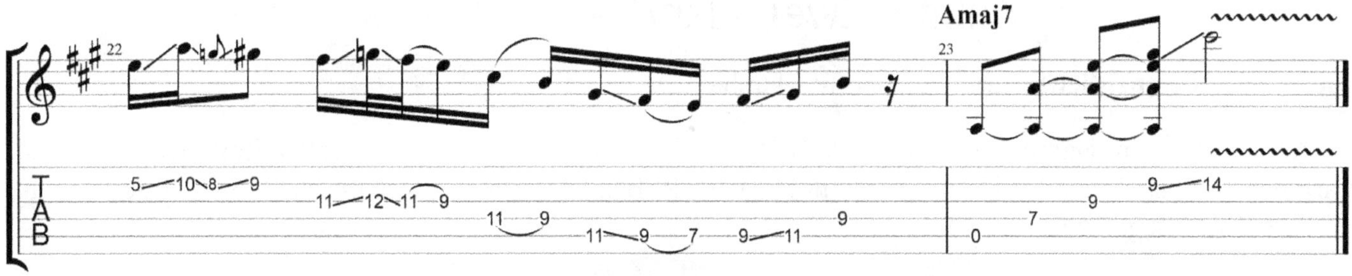
Amaj7
22
23
T
A
B

Kapitel Zwei – RnB Akkordtricks

Künstler im Rampenlicht: Kerry ‚2Smooth‘ Marshall

Das Anwenden von Hammer-Ons und Pull-Offs auf Akkordformen ist ein großer Teil des Neo-Soul-Gitarrensounds. Diese Legato-Techniken wurden vom RnB übernommen, deshalb haben wir dieses Kapitel RnB Akkordtricks genannt.

Als Lehrer wurden wir beide unzählige Male gefragt, wie man den Ringfinger trainiert, um selbständig zu agieren, während man die Barré-Akkorde gedrückt hält, deshalb haben wir in diesem Kapitel unsere effektivsten Übungen zusammengestellt, die dir helfen, die Kraft und Unabhängigkeit zu entwickeln, die du für diesen Finger benötigst. Die ersten Beispiele in diesem Kapitel sollen dir die wesentlichen Techniken beibringen, aber sie werden im Laufe der Übungen musikalischer werden.

Wenn dir Legato-Fills durch das Gedrückthalten von Barré-Akkordformen noch neu sind, arbeite dieses Kapitel methodisch durch und lerne jedes Beispiel zu 50 Schlägen pro Minute. Lass dich nicht dazu verleiten, die ersten Beispiele zu überspringen, um diese Technik sofort auf Akkordformen anzuwenden. Arbeite sie methodisch durch, da jedes Beispiel strukturiert auf dem vorherigen aufbaut.

In Beispiel 2a mache zwischen deinem Zeige- und dem Ringfinger auf die B-Saite ein Hammer-On. Es ist wichtig, dass du diese konkreten Finger verwendest, da dieses Beispiel die Grundlage für alles ist, was folgt.

Beispiel 2a

Füge nun mit dem Zeigefinger ein einfaches Barré am dritten Bund hinzu und hämmere mit dem kleinen Finger auf dem fünften Bund auf die B-Saite. Achte darauf, dass du das Barré fest gedrückt hältst und die Form weiterhin hältst, wenn du den Hammer-On beendest.

Beispiel 2b

Die nächsten Beispiele verwenden das komplexere Cmaj7-Voicing, das in Beispiel 2c dargestellt ist.

Beispiel 2c

Nachdem du nun deinen kleinen Finger trainiert hast, selbständig zu agieren und einen einfachen Barré-Akkord zu halten, wenden wir diese Technik auf Cmaj7 an. Spiele in Beispiel 2d den Cmaj7-Barré-Akkord ohne den kleinen Finger und mache dann vom dritten bis fünften Bund auf die B-Saite ein Hammer-On.

Beispiel 2d

Beispiel 2e stellt eine weitere häufige Verzierung vor, die in RnB-Akkorden verwendet wird. Vervollständige das Hammer-On-Muster genau wie im vorherigen Beispiel, aber diesmal spiele danach die Note auf der hohen E-Saite an.

Während du durch die Beispiele in diesem Kapitel gehst, nimm dir etwas Zeit, um dir einige Beispiele für das Spiel von Kerry ‚2 Smooth' Marshall anzuhören. Seine Herangehensweise an das RnB-Akkordspiel fasst alles zusammen, was du in diesem Kapitel lernen wirst. Hier ist ein Link zu seiner fantastischen Instagram-Seite:

https://www.instagram.com/kerry2smooth/

Beispiel 2e

Eine weitere gängige Adaption der Major-7-Barré-Akkordform im RnB ist das Spielen eines Hammer-On-Musters auf der hohen E-Saite. In diesem Fall erzeugt es einen Cmaj13-Sound.

Beispiel 2f

Eine der vielen Freuden des RnB-Akkord-Sounds ist das Fließen der um jeden Akkord herum gespielten Fills. Dies wird leicht erreicht, indem Legato-Muster auf mehrere Saiten angewendet werden. Beispiel 2g kombiniert die zuvor erlernten Legato-Muster auf der B- und hohen E-Saite zu einem Beispiel. Es hebt wirklich den Sound hervor, den wir in diesem Kapitel erzeugen wollen.

Um Beispiel 2g zu spielen, verwende deinen kleinen Finger, um die Hammer-Ons auf der B- und E-Saite zu spielen, während du die Akkordform weiterhin hältst. Lass die Akkorde ausklingen, wenn du jeden Hammer-On beendest.

Beispiel 2g

Jetzt, da du dich wohlfühlst einen Hammer-On während des Gedrückthaltens der Major-7-Form zu spielen, ist es an der Zeit, einen Pull-Off hinzuzufügen. Spiele den Pull-Off vom kleinen Finger zum Zeigefinger, während du noch das Barré hältst. Stelle sicher, dass alle Noten sauber klingen und keine gedämpft sind. Diese Bewegung erzeugt einen Cmaj9-Akkord.

Beispiel 2h

In Beispiel 2i spiele auf der hohen E-Saite einen Pull-Off vom 5. bis 3. Bund, vom kleinen Finger bis zum Barrégreifenden Zeigefinger. Möglicherweise findest du die nächsten paar Pull-Off-Übungen schwieriger als die vorherigen Hammer-Ons. Das ist völlig normal! Mit der Zeit werden sie sich mit der Übung genauso gut anfühlen wie die Hammer-Ons.

Beispiel 2i

Bis jetzt haben wir uns darauf konzentriert, 8tel-Noten für die RnB-Akkord-Licks zu verwenden. Beispiel 2j zeigt Hammer-Ons in der Form der Major-7-Akkorde, aber diesmal mit 16tel Noten statt 8tel Noten.

Beispiel 2j

Das separate Üben von Hammer-Ons und Pull-Offs ist notwendig, um Koordination, Ausdauer und Kraft zu entwickeln. Das folgende Beispiel kombiniert die Hammer-On- und Pull-Off-Muster aus früheren Beispielen zu einem typischen RnB-Akkordlick.

Beispiel 2k

Jetzt da du häufige Ergänzungen zur Major-7-Form gemeistert hast, ist es an der Zeit, Hammer-On- und Pull-Off-Muster um die Minor7-Akkordform zu untersuchen.

Bevor du die folgenden Beispiele abschließt, hör dir diesen schönen Track von Kerry ‚2 Smooth' Marshall an. Schau, ob du die Akkordformen erkennen kannst, die er spielt.

http://bit.ly/2REfFFn

In Beispiel 2l, spiele einen Hammer-On vom 6. bis 8. Bund der B-Saite mit dem Zeige- und kleinen Finger. Achte darauf, dass du beim Abschluss dieser Übung nur mit diesen Fingern arbeitest, da sie die einzigen sind, die verfügbar sind, wenn du sie in den folgenden Beispielen auf die Barré-Akkordform anwendest.

Beispiel 2l

Füge nun dieses Hammer-On-Muster zu einer Dm7-Akkordform mit einem Grundton auf der A-Saite hinzu. Ziel ist es, den angeschlagenen Ton so deutlich wie möglich erklingen zu lassen, indem du den Hammer-On fest auf das Griffbrett drückst, nachdem du die Akkordform angeschlagen hast.

Beispiel 2m

Eine weitere gängige Adaption der Minor7-Akkordform ist die Erstellung eines Hammer-On-Musters auf der hohen E-Saite. In diesem Fall befinden wir uns in der Tonart d-Moll, so dass wir jede der Noten der d-Moll-Pentatonik (D F G A C) neben der Akkordform von Dm7 verwenden können. In Beispiel 2n spiele mit dem Zeige- und dem kleinen Finger vom 5. bis zum 8. Bund der hohen E-Saite ein Hammer-On.

Beispiel 2n

Füge nun die Dm7-Akkordform zum vorherigen Hammer-On-Muster hinzu.

Beispiel 2o

Kombiniere das Hammer-On-Muster auf dem 6. bis 8. Bund auf der B-Saite mit dem Hammer-On-Muster auf dem 5. bis 8. Bund auf der hohen E-Saite. Dies ist eine brillante Aufwärmübung, da sie sowohl eine Barré-Akkordform als auch Legato-Hammer-Ons kombiniert.

Beispiel 2p

Sobald du die Hammer-On-Muster um die Minor-7-Akkordform herum beherrscht, ist der nächste Schritt, Pull-Offs und Hammer-Ons gemeinsam zu üben. Wenn dir diese Art von Legato-Muster neu ist, übe die Pull-Offs separat, bevor du Beispiel 2q versuchst.

Beispiel 2q

Wechsle nun zwischen einem Cmaj7-Akkord und einem Dm7-Akkord mit den in diesem Kapitel gezeigten Legato-Pattern. Nach all den Übungen beginnt es schnell etwas musikalischer zu werden.

Während du dich durch die nächsten Beispiele bewegst, lass dich von einem weiteren Kerry ‚2 Smooth' Stück aus seinem Instagram-Kanal inspirieren.

http://bit.ly/2CaMww1

Beispiel 2r

Beispiel 2s ist ein weiteres großartiges musikalisches Warm-Up, das mehrere Barré-Akkorde und Legato kombiniert. Beginne langsam, wenn du dieses Beispiel lernst, etwa bei 50 bpm, und stelle sicher, dass alles sauber klingt, bevor du das Tempo erhöhst.

Beispiel 2s

Akkorde mit einem Grundton auf der A-Saite sind in der Regel die am häufigsten verwendeten Formen im Neo-Soul, aber es ist wichtig, Akkordformen in vielen Positionen am Hals zu spielen. Beispiel 2t zeigt eine Minor7-Akkordform in der Tonart a-Moll mit dem Grundton auf der E-Saite. Es folgt eine Reihe von Legato-Noten mit dem Zeige- und dem kleinen Finger. Um das Erlernen dieser Beispiele unterhaltsamer zu gestalten, solltest du Zeit damit verbringen, sie zusammen mit den mitgelieferten Backing-Tracks zu spielen.

Beispiel 2t

Betrachten wir nun eine Major-7-Akkordform mit dem Grundton auf der tiefen E-Saite mit einem häufig verwendeten Legato Fill in C-Dur.

Beispiel 2u

Das letzte Beispiel dieses Kapitels kombiniert Major und Minor-7-Akkordformen auf den tiefen E- und A-Saiten mit einer Vielzahl von Legato-Fills. Beginne wie immer langsam und hör dir die Audiobeispiele an, um zu sehen, wie jeder Takt phrasiert werden sollte.

Beispiel 2v

Kapitel Drei – Single-Note-Linien

Künstler im Rampenlicht: Landon Jordan, Magnus Klausen, Beau Diakowicz.

Bevor wir in dieses Kapitel eintauchen, möchten wir dir Landon Jordan vorstellen. Der junge Session-Gitarrist aus Atlanta stellt Produkte für Firmen wie Fender Guitars vor. Mit seinen Fähigkeiten ist es leicht zu verstehen, warum er einer der gefragtesten Gitarristen ist. Beobachte diese magischen achtzehn Sekunden und genieße den Fluss der Single-Note-Linien mit einer Flüssigkeit, die ihresgleichen sucht!

http://bit.ly/2NDSRCf

Ein weiterer Künstler, den man sich ansehen sollte, ist Magnus Klausen – ein junger Neo-Soul-Pionier aus Großbritannien. Er hat sich mit seinen frischen, technischen und melodischen Neo-Soul-Ideen einen großen Instagram-Follower-Stamm aufgebaut. Hier ist eines unserer Lieblingsstücke von ihm. Beachte den Crossover von Jazz, Blues, Rock, Gospel und anderen Genres, die in diesem Video deutlich werden.

http://bit.ly/2ITyWi2

Inzwischen wirst du verstehen, dass ein herausragendes Merkmal des Neo-Soul-Gitarrenspiels die Mischung aus schönen Jazz-Akkord-Voicings und Single Notes zwischen den Akkorden ist. In diesem Kapitel werden wir einige häufig verwendete Neo-Soul-Fills aufschlüsseln – darunter pentatonische Licks, Arpeggien, chromatische Durchgangstöne und „outside" Linien. Sobald du die Ideen in diesem Kapitel verinnerlicht hast, verwende die Konzepte, um deinen eigenen persönlichen Ansatz zu entwickeln.

Pentatonische Ideen

Die pentatonischen Tonleitern in Dur und Moll sind beide eine beliebte Wahl bei Neo-Soul-Gitarristen. Mit nur fünf Noten skizzieren diese Skalen leicht Akkordklänge und passen in fast jede Spielsituation. Legato-Techniken wie Slides, Hammer-Ons, Pull-Offs und Grace-Notes werden verwendet, um das Beste aus jeder Tonleiter herauszuholen. Achte darauf, wie die verwendeten Techniken die Phrasierung jeder Zeile beeinflussen und arbeite daran, diese Ideen in dein Spiel zu integrieren.

Beispiel 3a verwendet die C-Dur-Pentatonik Tonleiter (C D E G A) und hat einen leichten Gospel-Touch. Dieser Lick würde perfekt zwischen den Akkorden in jeder C-Dur-Folge funktionieren, wird aber häufig zwischen Cmaj7 und Cmaj9 Akkorden im Neo-Soul gespielt.

Beispiel 3a

Beispiel 3b enthält drei Noten aus der C-Dur-Pentatonik, die in drei verschiedenen Oktaven gespielt werden, und betont die Bedeutung von Vibrato und Slides. Im Audiobeispiel wirst du diese Linie mit einem schnellen, subtilen Vibrato gespielt hören, aber experimentiere unbedingt mit verschiedenen Geschwindigkeiten und Mengen an Vibrato. Dieses Beispiel zeigt, wie du verschiedene Bereiche des Halses verwenden kannst, um Fills zwischen deinen Akkorden zu erzeugen. Wenn du beispielsweise drei verschiedene Cmaj7-Akkorde in einem von dir komponierten Song hast, kannst du darauf abzielen, einen Fill in jede der verschiedenen in diesem Beispiel gezeigten Oktaven zu schreiben.

Beispiel 3b

Beispiel 3c verwendet die C-Dur-Pentatonik Tonleiter, um die Bedeutung von kurzen Slides und Hammer-Ons zu verdeutlichen.

Beispiel 3c

Einer der Hauptunterschiede zwischen Neo-Soul und Standard-Rock und Blues ist der starke Fokus auf Dur-Akkordfolgen. In diesem Kapitel haben wir der Demonstration von Dur-Pentatonik-Licks Priorität eingeräumt, da diese sich für dich wahrscheinlich weniger vertraut anfühlen werden als ihre Moll-Pendants.

Der letzte Dur-Pentatonik-Lick bewegt sich weg von C-Dur und hin zur A-Dur-Pentatonik (A B C# E F#).

Beispiel 3d

Arpeggio-Ideen

Neo-Soul Single-Note-Linien sind darauf angewiesen, glatt und flüssig zu sein, und verwenden oft viel Griffbrett, um dies zu erreichen. Arpeggien sind ein großartiges Navigationswerkzeug, um sich über den Hals zu bewegen, und in diesem Abschnitt werden wir uns die drei am häufigsten verwendeten Arpeggien ansehen, die im Neo-Soul verwendet werden – Major 9, Minor 9 und Dominant 9.

Wenn du diese Linien spielst, obwohl du jede Note einzeln auswählen kannst, haben wir spezielle Legato-Passagen eingebaut, die dir helfen, einen fließenden Klang zu erzeugen. Diese Arpeggien werden häufig zwischen den Akkorden und als Fills gespielt, wenn ein längerer Lauf erforderlich ist.

Bevor du die Arpeggien spielst, möchten wir dir das Phänomen Beau Diakowicz vorstellen. Als wir zum ersten Mal auf ihn trafen, hat er uns buchstäblich umgehauen. Schau dir diesen Soundslice-Lick von ihm an und schau, wie er Arpeggien in den Takten Fünf und Sieben verwendet, um sich mühelos über den Hals zu bewegen.

http://bit.ly/2A6zDSv

Das Wichtigste, was du mit den folgenden Arpeggio-Pattern tun kannst, ist, sie auswendig zu lernen und nicht nur vom Blatt zu spielen. Das wird Zeit in Anspruch nehmen, aber der Aufwand wird reichlich mit langen, schönen Linien belohnt, die das Publikum begeistern.

Am Ende jedes Arpeggios haben wir ein Akkord-Voicing eingebaut, über das du die Arpeggio-Form spielen kannst. Verwende ein Loop-Pedal, einen Sequenzer oder dein Handy, um den Akkord aufzunehmen, und spiele dann die entsprechende Arpeggio-Form darüber.

Beispiel 3e - Amaj9 Arpeggio

Beispiel 3f - A9 Arpeggio

Beispiel 3g - Am9 Arpeggio

Beispiel 3h zeigt einen Asus2-Akkord gefolgt von einem Amaj9-Arpeggio (A C# E G# B), bei dem die Noten neu arrangiert werden, um einen Lick zu erzeugen. Stelle sicher, dass das Arpeggio glatt klingt und lasse die Noten ausklingeln, um den Amaj9-Akkord zu umschreiben. Du kannst diesen Lick für jeden A-Dur-Akkord verwenden, aber im Neo-Soul wird das normalerweise Amaj7, Amaj9 oder Aadd9 sein.

Beispiel 3h

Aufbauend auf dem vorherigen Beispiel zeigt Beispiel 3i ein Em9-Arpeggio (E G B D F#), das Slides zur Unterstützung der Positionsbestimmung enthält. Spiele die Slides mit dem Zeigefinger während dieser Übung. Eine lustige Möglichkeit, den doppelten Wert aus diesen Licks zu bekommen, ist, am Ende zu beginnen und den Lick umgekehrt zu spielen.

Beispiel 3i

Beispiel 3j zeigt eine schöne Möglichkeit, ein Cmaj7-Arpeggio (C E G B) mit einem Fmaj7-Arpeggio (F A C E) zu verbinden. Diese Arpeggioformen werden zu Fills geformt, die zwischen den Akkorden verwendet werden können. Achte in diesem Beispiel besonders auf die Verwendung von Slides und Hammer-Ons, da sie ihm seinen einzigartigen Klang verleihen.

Beispiel 3j

Bisher haben wir uns auf aufsteigende Fills und Licks konzentriert. Beispiel 3k zeigt einen absteigenden Lick, der die B-Natürlich-Moll-Skala (B C# D E F# G A) verwendet und mit einem beliebten Neo-Soul-Akkordvoicing endet. Die fließende Natur dieses Licks bedeutet, dass er gut nach einem B-Moll-Akkord-Voicing wie Bm7 oder Bm9 funktionieren würde. Er könnte auch sehr gut als Ende eines Neo-Soul-Stückes funktionieren.

Beispiel 3k

Eines der Hauptziele dieses Buches ist es, dir zu zeigen, wie man Fills, Licks und Akkorde sicher kombinieren kann. Da die Major-9-Akkordform im Neo-Soul so verbreitet ist, ist sie ein guter Ausgangspunkt, wenn du dich daran gewöhnst, deinen Akkord-Voicings Fills hinzuzufügen. Beispiel 3l beginnt mit einem Bmaj9 mit dem Grundton auf der A-Saite und verwendet dann die B-Dur-Skala mit winzigen Slides, Hammer-Ons und Pull-Offs, um das Feeling des Licks zu definieren.

Beispiel 3l

Beispiel 3m verwendet die E-Dur-Skala (E F# G# A B C# D#), um einen Slide-Fill zu erzeugen, der gut über einen E-Dur-Akkord wie Emaj7 oder Emaj9 funktionieren würde.

Wirf einen Blick auf das Halsbild der E-Dur-Skala unten. Wenn du dieses Beispiel lernst, achte besonders auf die im Lick verwendeten Noten, die *nicht* im Diagramm erscheinen. Diese Passagen wurden hinzugefügt, um ein Gefühl von Spannung und Entspannung zu erzeugen, und werden nicht lange gehalten.

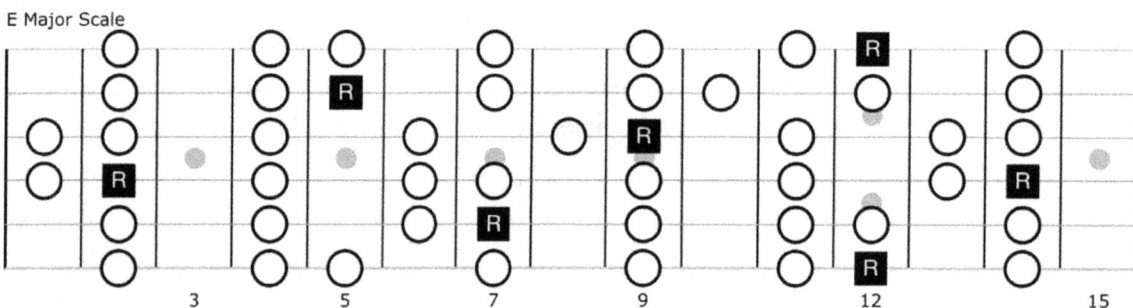

E Major Scale

Beispiel 3m

Übe den folgenden E-Natürlich-Moll (E F# G A B C D) Lick zuerst extrem langsam, ohne Metronom. Die ersten beiden Takte kann man perfekt loopen und eignen sich hervorragend als Aufwärmübung für alle Finger. Dieser Lick funktioniert als längerer Fill über jeden e-Moll-Akkordtyp. Im Neo-Soul ist das üblicherweise entweder Em7 oder Em9.

Wenn du dieses Beispiel lernst, empfehlen wir dir, den Lick in kleine Stücke von drei bis vier Noten auf einmal aufzuteilen. Dies wird dir helfen, den Lick schnell zu lernen, aber du kannst die Miniphrasen auch als eigenständige Licks verwenden, um sie für kürzere Fills zu verwenden.

Beispiel 3n

Wir nennen den nächsten E-Natürlich-Moll-Lick den „Slip and Slide", da er wirklich die Kraft mehrerer Slides demonstriert, die in einem Neo-Soul-Kontext miteinander verbunden sind. Dieser Lick funktioniert fantastisch über jedem e-Moll-Akkord. Der Em11-Akkord in der zweiten Hälfte von Takt Zwei sollte als volle Akkordform gegriffen werden, bevor der notwendige Hammer-On und Slide angewendet wird.

Beispiel 3o

Em11

Eine gängige Methode, Single-Note-Linien zu kreieren, ist das Spielen mit nur einer Saite. Dies kann dir helfen, aus den herkömmlichen Formen und Patterns des Gitarrenspiels auszubrechen. Es erzeugt auch einen vokalähnlichen Klang. In Beispiel 3p bildet die Db-Dur-Skala (Db Eb F Gb Ab Bb C) die Grundlage des Licks und kombiniert mehrere Legato- und Slide-Phrasen zu seinem Sound. Wähle eine beliebige Saite aus und versuche, die Moll-Pentatonik und die Dur-Tonleiter nur mit dieser Saite zu spielen.

Beispiel 3p

Die Anwendung von Bends auf die oben genannte einsaitige Technik kann auch eine melodische vokalähnliche Linie erzeugen. Übe, präzise Bends zu erreichen und, wenn du dich wohl fühlst, ihnen etwas Vibrato hinzuzufügen.

Beispiel 3q

Chromatische Ideen

Das Konzept, einer Tonleiter chromatische Durchgangstöne hinzuzufügen, ist ein weites Feld, so dass wir hier nur kurz darauf eingehen werden. (Für weitere Informationen darüber, wie du die Chromatik in deinem Spiel einsetzen kannst, lies Jens Larsens *Modern Jazz Guitar Concepts* und Tim Pettingales *Jazz Bebop Blues Guitar*).

Beispiel 3r verwendet ein sich wiederholendes Muster von chromatischen Noten (Noten, die einen Halbton/ einen Bund auseinander liegen) und funktioniert sowohl über einen B-Dur-Akkord als auch über einen E-Dur-Akkord.

Beispiel 3r

Das Spielen von Standard-Tonleiterformen ist gut und schön, aber im Neo-Soul werden oft Durchgangstöne oder chromatische Noten hinzugefügt, um zusätzliche Spannung und Entspannung zu erzeugen. Diese Idee wurde von Jazzgitarristen übernommen und wird häufig im Stil von Gitarristen wie Pat Martino gesehen. Schau dir dieses YouTube-Video von Pat Martino und John Scofield an, in dem sie beide Unmengen an chromatische Linien verwenden!

http://bit.ly/2OnoF3q

In Beispiel 3s wird die E-Dur-Tonleiter mit Durchgangstönen kombiniert, um einen slidigen Neo-Soul-Lick zu erzeugen, der perfekt über jedem E-Dur-Akkord funktionieren würde, aber häufig neben einem Emaj7 oder Emaj9 sitzt.

Beachte das Halsdiagramm der E-Dur-Tonleiter in Beispiel 3l, wenn du eine Erinnerung an diese Form auf dem Hals benötigst.

Beispiel 3s

Das nächste Beispiel klingt großartig über einer IVmMaj7 zu Imaj7 Akkordfolge. In diesem Fall ist es AmMaj7 zu Emaj7. Verschlankte Linien wie diese klingen am besten, wenn sie frei und locker gespielt werden, wie im Audiobeispiel gezeigt.

Beispiel 3t

Eine gewisse Dissonanz zu haben, ist ein häufiges Thema im Neo-Soul. Dies wird in der Regel durch die Verwendung verschiedener Arten von alterierten Dominant-Akkorden wie 7b5, 7#5, b9, #9 und b13 erreicht. Du wirst Voicings dieser Akkorde sehen, je weiter du mit dem Buch arbeitest, aber denke daran, dass ihre primäre Funktion es ist, Spannung hinzuzufügen, und sie wollen sich auflösen, und zwar für gewöhnlich auf ein Major-oder Minor-Akkord-Voicing.

In den nächsten drei Beispielen zeigen wir dir einige häufig verwendete Fills, die am Ende jedes Beispiels auf den Akkord angewendet werden können. Auch das Feld der alterierten Akkorde ist ein großes, schau dir Joseph Alexanders Buch, *Chord Tone Soloing for Jazz Guitar für* weitere Informationen dazu an.

Beispiel 3u zeigt die Art des Licks, der im Neo-Soul oft über alterierten Akkorden gespielt wird. Diese Linie stammt von der Superlokrischen Skala in A (A B C C# Eb F G) – dem siebten Modus der Melodisch-Moll-Tonleiter.

Beispiel 3u

Beispiel 3v zeigt die B Halbton-Ganzton Verminderte Skala in B (B C D# E# F# G# A) und endet mit einem beliebten 13b9 Akkord. Die Halbton-Ganzton Verminderte Skala wird häufig verwendet, um über das 13b9 Akkord-Voicing in Takt Drei zu spielen und ist eine sehr beliebte Skalenwahl bei Modern Jazz-, Fusion- und Neo-Soul-Gitarristen.

Sieh dir in diesem Video den beliebten Instagram-Gitarristen Curt Henderson an, der die Dur-Skala mit der Halbton-Ganzton Verminderten Skala mischt.

http://bit.ly/2QMyipf

Beispiel 3v

Beispiel 3w verwendet eine flüssige Legatolinie, die auf der Superlokrischen Skala in E (E F G Ab Bb C D) basiert. Diese Linie wurde von dem großartigen Robben Ford und seinem Track *Talk To Your Daughter* inspiriert. Das Tolle an Neo-Soul-Gitarrenparts ist, dass sie so viele verschiedene Genres zu einem „Supergenre" kombinieren!

Beispiel 3w

Das letzte Beispiel in diesem Kapitel verwendet die B-Dur-Skala mit einem zusätzlichen chromatischen Durchgangston G für zusätzliche Spannung, der sich schön zu einem Bmaj9-Akkord auflöst. Das Audiobeispiel demonstriert diesen Lick sowohl in Stakkato (erstes Mal) als auch in Legato (zweites Mal). Wir empfehlen dir, beide Varianten zu üben.

Beispiel 3x

Kapitel Vier – Doppelgriff-Linien

Künstler im Rampenlicht: Isaiah Sharkey

In Bezug auf Neo-Soul, RnB und Gospel Chops gibt es nur wenige bessere Spieler, von denen man sich mehr inspirieren lassen kann als Isaiah Sharkey. Bevor du dich durch dieses Kapitel begibst, schau dir das YouTube-Video im untenstehenden Link an.

http://bit.ly/2PudPFx

Ein wiedererkennbarer Klang der Neo-Soul-Gitarre ist die Verwendung von Doppelgriffen. Doppelgriffe können auf verschiedene Weise gespielt werden: mit einem Plektrum, Hybrid-Picking (Plektrum und Finger) oder nur mit Fingern. Alle diese Ansätze haben einen anderen Klang, also experimentiere mit diesen Möglichkeiten, um zu sehen, was für dich am besten funktioniert. Integriere die Licks in dein Spiel und transponiere sie in verschiedene Tonarten, oder verwende sie einfach als Inspiration, um deine eigenen zu schreiben.

Um die in diesem Kapitel vorgestellten Doppelgriff-Licks mit einem Plektrum zu spielen, hast du zwei Hauptoptionen:

Option Nummer Eins ist, nur Downstrokes zu verwenden. Dies ist einfacher, wenn dir diese Technik neu ist.

Option Nummer Zwei ist die Verwendung von alternate (Wechselschlag) Picking. Es wird etwas Übung erfordern, die Doppelgriffe sauber mit alternate Picking zu spielen, aber dieser Ansatz ermöglicht es dir letztendlich, Geschwindigkeiten zu erreichen, die du nur mit Downstrokes nicht erreichen konntest. Wie Isaiah Sharkey mit einem Lächeln auf dem Gesicht sagt, als er mühelos ein Alternate Picking mit zwei Saiten auf einmal macht, „It's only two notes, bro." (Es sind doch nur zwei Töne, Bruder).

Die Übungen 4a bis 4e verwenden die a-Moll-Pentatonik (A C D E G), die gleichzeitig auf zwei benachbarten Saiten gespielt wird, und bewegen sich durch alle fünf CAGED-Positionen. Wenn dir CAGED-Positionen neu sind und du mehr Informationen darüber möchtest, wie sie gebildet werden und wie man sie verwendet, dann lies Joseph Alexanders Buch *The CAGED System and 100 Licks for Blues Guitar*.

Während du diese Übungen spielst, solltest du darauf achten, dass beide Noten sowohl in der Lautstärke als auch in der Dauer gleich bleiben. Beginne wie immer langsam, erhöhe das Tempo und versuche, so sauber wie möglich zu spielen.

Sieh dir dieses erstaunliche Instagram-Video an, um diese Technik in Aktion zu sehen!

http://bit.ly/2CdEZNe

Beispiel 4a

Beispiel 4b

Beispiel 4c

Beispiel 4d

Beispiel 4e

Jetzt, da du dich mit den pentatonischen Formen wohlfühlst, ist es an der Zeit, aus den Mustern auszubrechen. Das nächste Beispiel bewegt sich auf zwei benachbarten Saiten gleichzeitig durch die pentatonische Tonleiter nach oben.

Das Tolle am Neo-Soul ist, dass man sich aus so vielen verschiedenen Genres etwas ausleihen kann. Schau dir Landon Jordans Spiel auf diesem super funky Prince Track an und achte auf die Verwendung von Doppelgriff-Riffs.

http://bit.ly/2yjwAF3

Beispiel 4f

Beispiel 4g zeigt ein a-Moll-Pentatonik-Doppelgriff-Muster, das zwischen den Formen springt, um verschiedene Intervalle zu erzeugen. Es ist erstaunlich, wie viele frische Ideen nur mit den bekannten Patterns entstehen können. Lerne diese Formen auswendig, bevor du zu den nächsten Beispielen übergehst.

Beispiel 4g

Beispiel 4h zeigt eine weitere Doppelgriff-Übung mit der a-Moll-Pentatonik und String Skipping. Denke daran, die in diesem Kapitel vorgestellten Licks zusammen mit den mit diesem Buch mitgelieferten Backing Tracks zu üben.

Beispiel 4h

Nachdem du mit den Patterns vertraut bist, zeigen die folgenden Beispiele musikalische Licks und Phrasen mit pentatonischen Doppelgriffen. Beispiel 4i verwendet erneut die a-Moll-Pentatonik.

Beispiel 4i

Beispiel 4j zeigt eine a-Moll-Pentatonik-Doppelgriff-Phrase, die mehrere Positionen des Halses verwendet und ein einprägsames rhythmisches Muster aufweist. Stelle sicher, dass du dir das Audio dieses Beispiels anhörst, bevor du es selbst spielst, damit du die Feinheiten in der Phrasierung hören kannst.

Beispiel 4j

Beispiel 4k basiert auf der c#-Moll Pentatonischen Tonleiter (C# E F# G# B) und hat einen funky synkopierten Groove. Achte darauf, dass du den letzten Slide-Lick nur mit dem Zeigefinger machst.

Diese Idee war die Grundlage für Kristofs Instagram-Video unten.

http://bit.ly/2EiMIMu

Beispiel 4k

Bisher haben sich die Übungen in diesem Kapitel auf die pentatonische Tonleiter konzentriert. Die nächsten Beispiele verwenden alle sieben Noten der Dur-Tonleiter. Beispiel 4l verwendet Terzen von der C-Dur-Tonleiter (C D E F G A B). Nimm einen kleinen Loop eines Cmaj7-Akkords auf und übe diesen Lick wie unten gezeigt, dann jamme auch deine eigenen Ideen. Denke daran, dass ein schneller Weg, um das Doppelte aus all diesen Licks herauszuholen, darin besteht, sie umzukehren und sie vom Ende bis zum Anfang zu spielen!

Wenn das Konzept der Intervalle für dich neu ist und du mehr erfahren möchtest, dann lies Joseph Alexanders Buch *The Practical Guide To Modern Music Theory For Guitarists*.

Beispiel 4l

Beispiel 4m demonstriert das Spielen der E-Dur-Skala (E F# G# A B C# D#) inTerz-Intervallen mit nur der D- und G-Saite. Die Verwendung des Intervalls einer Terz ist eine gute Möglichkeit, Akkorde zu umreißen und dieser Lick würde hervorragend über einen Emaj7 oder Emaj9 Akkord funktionieren.

Beispiel 4m

Ein beliebtes Doppelgriff-Mittel im Neo-Soul ist die Verwendung eines Quart-Intervalls. In diesem Beispiel ist die C-Dur-Tonleiter (C D E F G A B) die Grundlage für einen häufig verwendeten Doppelgriff-Lick. Spiele diesen Lick so geschmeidig wie möglich.

Beispiel 4n

Beispiel 4o ist um die A-Dur-Skala herum aufgebaut (A B C# D E F# G#). Dieser Lick führt den „Palm Mute" ein (die Hand sanft in die Nähe der Brücke legen, um die Saiten leicht abzudämpfen, damit sie nicht ausklingen) und zeigt, wie er mit Doppelgriffen verwendet werden kann, um den Neo-Soul-Sound hervorzurufen. Wir empfehlen dir, diese Technik zu üben, indem du bei allen frühen Beispielen in diesem Buch den Palm-Mute anwendest.

Beispiel 4o

Das nächste Beispiel verwendet Doppelgriffe in Quinten. Beispiel 4p zeigt ein Sliding-Muster auf der D- und G-Saite mit der E-Dur-Tonleiter. Das Doppelgriff-Element dieses Licks funktioniert gut über einen Emaj7- oder Emaj9-Akkord.

Beispiel 4p

Es ist wichtig, beim Erlernen neuer Techniken auf der Gitarre, diese auf verschiedene Weise zu spielen. Im vorherigen Beispiel haben wir die Verwendung von Quinten auf zwei benachbarten Saiten demonstriert. Beispiel 4q verwendet Quinten von E-Dur auf verschiedenen Saitensätzen. Dies mag anfangs schwieriger zu spielen sein, ist aber die Mühe wert, da dieser Sound den Neo-Soul-Touch wirklich einfängt.

Beispiel 4q

Eine weitere beliebte Intervallwahl für Doppelgriff-Licks im Neo-Soul ist die Sexte. Beispiel 4r ist eine rhythmische Idee, die Triolen, 16tel- und 8-tel-Noten verwendet und auf der G-Dur-Tonleiter (G A B C D E F#) basiert. Der Sound des Sext-Intervalls wird dir wahrscheinlich sehr vertraut sein, da er im Blues, Country, Folk und Pop sowie im Neo-Soul sehr beliebt ist.

Beispiel 4r

Beispiel 4s zeigt einen Doppelgriff-Lick, der mit dem Intervall einer Sexte erzeugt wurde und auf der E-Dur-Tonleiter basiert. Der zweite Takt hat ein chromatische Bewegung, die sowohl im Blues als auch im Neo-Soul beliebt ist.

Beispiel 4s

Obwohl die obigen Beispiele die am häufigsten verwendeten Intervalle beim Spielen von Doppelgriff-Licks veranschaulichen, sind die folgenden Beispiele es wert, untersucht zu werden, um einige neue, frische Sounds zu erforschen. Beispiel 4t basiert auf der A-Dur-Tonleiter und konzentriert sich auf das Intervall einer Sekunde.

Beispiel 4t

Das Intervall einer Septime ist etwas dissonant, kann aber ein lustiges Extra-Element sein, das du in deine Neo-Soul-Lick-Tasche packen kannst. Beispiel 4u zeigt, wie man das Intervall einer Septime mit einem Neo-Soul-Touch basierend auf der E-Dur-Tonleiter verwendet. Probiere diesen Lick über einem Emaj7- oder Emaj9-Akkord aus.

Beispiel 4u

Nun lass uns all diese Intervall-Ideen zusammenfassen. Hier wird es jetzt wirklich interessant. Beispiel 4v verwendet eine Mischung aus Terzen und Quarten mit der D-Natürlich-Moll-Tonleiter (D E F G A Bb C). Diese Idee würde gut über einen Dm7- oder Dm9-Akkord funktionieren.

Beispiel 4v

Beispiel 4w zeigt einen Lick, den wir beide gerne spielen. Er basiert auf der C-Dur-Tonleiter und beginnt mit einer Kombination aus Quarten und Terzen in Takt Eins. Takt Zwei ist ein Cmaj7-Akkord, aber zwischen jeder Note des Akkords wird eine Note aus der C-Dur-Tonleiter hinzugefügt. Das ist eine Technik, die wir beide von Beau Diakowicz gelernt haben. Achte darauf, dass der Cmaj7-Akkord im letzten Takt ertönt.

Beispiel 4w

Die letzten drei Beispiele dieses Kapitels gehen über Doppelgriffe hinaus, indem wir sie in Akkordfolgen und Phrasen integrieren. Beispiel 4x basiert auf der D-Dur-Tonleiter (D E F# G A B C#) und kombiniert Akkordformen, eine einzelne Melodielinie und mehrere Doppelgriffe zu einer schönen zweistimmigen D-Dur-Phrase.

Beispiel 4x

Ein Großteil des Inhalts in diesem Buch mag sich etwas entfernt von traditionelleren Blues- und Rock-Licks anfühlen, aber Beispiel 4y zeigt, wie du deinem Neo-Soul-Spiel eine Hendrix-ähnliche Stimmung verleihen kannst. Basierend auf der E-Dur-Pentatonik Tonleiter (E F# G# B C#), erinnern die Muster in diesem Lick an Stücke wie *The Wind Cries Mary*.

Beispiel 4y

Beispiel 4z verwendet die C-Dur-Tonleiter und ist wieder in frühen Doppelgriffen im Hendrix-Stil verwurzelt. Es wurde mit Positionsverschiebungen modernisiert, um ihm einen neo-souligeren Klang zu verleihen. Das Hauptziel bei diesem Lick ist es, alle Noten so weit wie möglich ausklingen zu lassen.

Beispiel 4z

Schau dir Curt Henderson und Alexander Coombs an, die eine Vielzahl von Techniken anwenden, einschließlich Doppelgriffen. Wirf einen Blick auf Curts Video auf Instagram in dem nachstehenden Link.

http://bit.ly/2Pvbr1g

Kapitel Fünf – Grooves

Künstler im Rampenlicht: Curt Henderson, Todd Pritchard, Kerry ‚2 Smooth' Marshall, Mark Lettieri

In diesem Kapitel möchten wir dir eine Fülle an Akkord-Voicings und melodischen Fills vorstellen. Noch wichtiger ist es uns, dir zu zeigen, wie du sie zu Neo-Soul-Groove-Patterns zusammenfügen kannst. Wenn du die in diesem Kapitel vorgestellten Beispiele kennenlernst, experimentiere und erstelle deine eigenen Grooves, die auf jedem einzelnen basieren. Denke daran, wenn es um Musik geht, kannst du nicht genug Ideen klauen und kopieren!

Die Inspiration für die Grooves in diesem Kapitel kam von einer Vielzahl von Gitarristen, darunter Curt Henderson, Todd Pritchard, Kerry ‚2 Smooth' Marshall, Mark Lettieri und viele anderen. Bevor du anfängst, dich durch diese Grooves zu spielen, schau dir diese vier kurzen Instagram-Videos an, die so viel Groove enthalten, dass es schwer sein wird, dein Fußklopfen und Kopfnicken zu stoppen!

http://bit.ly/2yynh3n

http://bit.ly/2QKIHSh

http://bit.ly/2CEksCh

http://bit.ly/2RIAEGZ

Beispiel 5a zeigt einen Major-9-Akkord-Groove. Ein gemeinsames Merkmal vom Neo-Soul ist es, die konventionelle Akkordtheorie zu ignorieren und eine Form, die fantastisch klingt, durch mehrere Tonarten zu bewegen. Dieses Beispiel demonstriert das Konzept, indem es eine Major-9-Akkordform durch die Tonarten von A, E, G und D bewegt.

Für Bonuspunkte spiel dieses Beispiel mit Fingerpicking, Plektrum und Hybridpicking (Plektrum und Finger). Der gleiche Groove kann ganz anders klingen, wenn er auf diese drei verschiedenen Arten gespielt wird.

Beispiel 5a

Ein super cooler Trick, der in Neo-Soul-Gitarrenparts verwendet wird, ist das „Akkordbeben" oder „Slip and Slide". In Beispiel 5b, spiele eine Major-9-Akkordform und slide von jedem Akkordton zu einem Bund darunter und wieder zurück. Du kannst diese Technik auf jede Akkordform anwenden, nicht nur auf die in diesem Beispiel gezeigten Major-9-Akkorde.

Beispiel 5b

Wir haben gesehen, dass ein gängiger Trick im Neo-Soul darin besteht, Akkordformen mit der Handfläche zu dämpfen (Palm-Mute). Leg deine Spielhand vorsichtig über die Saiten in der Nähe der Brücke und drücke nicht zu stark auf die Saiten. Ein weicher Palm-Mute funktioniert sehr gut für diese Art der Akkordarbeit.

Im untenstehenden Groove gibt es ein „Call and Response"-Muster: Zwei Takte werden mit Palm-Mute gespielt und zwei Takte werden mit den Akkorden gespielt, die ausklingen dürfen.

Beispiel 5c

Einer unserer Lieblingssounds im Neo-Soul ist die IVm-Kadenz. Obwohl der Trick, den IV-Akkord einer Tonart von Dur in Moll umzuwandeln, schon lange vor den Beatles angewendet wurde, ist er bis heute gebräuchlich. In diesem Beispiel wechselt die Akkordfolge zwischen Dmaj7 und Gmaj7 und fügt den Gm9-Akkord (IVm) hinzu, um einen stärkeren Zug zurück zum Grundakkord Dmaj7 zu erzeugen.

Beispiel 5d

Beispiel 5e veranschaulicht die häufig verwendeten Maj9- und Maj7-Voicings in E und A und stellt einen oft veränderten Dominant-Akkord im Neo-Soul in Form von G#7#5#9 vor. Das Hinzufügen von Doppelgriffen am Ende von Takt Zwei macht diesen E-Dur-Groove eindeutig zu Neo-Soul.

Beispiel 5e

Die Integration offener Saiten in Licks ist ein weiteres Mittel, das im Neo-Soul häufig verwendet wird. E-Dur ist perfekt geeignet, um Licks auf der Gitarre zu schreiben, die offene Saiten beinhalten, da sie wirklich zu dieser Tonart passen, wie in Beispiel 5f gezeigt wird. Ziel ist es, die offenen B- und hohen E-Saiten ertönen zu lassen, während du die Akkorde in den ersten drei Takten dieses Beispiels bewegst.

Die A/B zu B13b9-Abfolge in Takt Vier ist eine wirklich coole Neo-Soul-Akkordfolge. Schau dir das genau an!

Beispiel 5f

Füge nun dieses geschmeidige E-Dur-Legato-Fill (E F# G# A B C# D#) zu den Akkorden im vorherigen Beispiel hinzu.

Beispiel 5g

Beispiel 5h erinnert an den ersten Neo-Soul-Gitarrenpart, den Simon je gehört hat. Er war sofort begeistert von den komplexen, modern klingenden Akkordformen und melodischen Fills, und wir sind sicher, dass du es auch sein wirst!

Dieses Beispiel ist in der Tonart e-Moll und verwendet partielle Akkordfragmente, die überwiegend auf den oberen vier Saiten basieren. Dies ist eine gängige Strategie im Neo-Soul und Jazz, da sie Platz für eine Basslinie lässt.

Beispiel 5h

Hier ist eine Akkordfolge im Gospel-Stil, die Slash-Akkorde beinhaltet und mit einer sanften D-Dur-Tonleiter (D E F# G A B C#) endet.

Wenn du mehr Informationen über Slash-Akkorde möchtest, schau dir Simons Lektion im untenstehenden Link an.

https://www.fundamental-changes.com/Major-slash-chords-video-guitar-lesson/

Beispiel 5i

Quarten-Voicings (Akkorde, die vollständig aus Quarten gebaut wurden) sind im Neo-Soul sehr beliebt. Der G#m11-Akkord am Anfang von Takt Eins und die E6/9-Form am Anfang von Takt Zwei sind die häufigsten Quart-Akkordformen, die in diesem Genre verwendet werden. Dies sind Voicings, die du mit Grundton auf der A-Saite und auch der D-Saite verwenden kannst.

Beispiel 5j

Beispiel 5k zeigt einige wunderschöne Akkord-Voicings, die überwiegend auf einem Dmaj7 basieren. Das Hinzufügen der verminderten Akkorde in Takt Sechs ist ein weiterer beliebter Akkordtrick, der im Neo-Soul verwendet wird, da sie ein Gefühl der Dissonanz vermitteln, aber auch als Übergangsakkorde zwischen dem Dmaj7 und dem Bm7 dienen.

Beispiel 5l enthält einen unserer Lieblings-Akkordtricks in diesem ganzen Buch. Der Slide mit dem Cmaj9-Akkord in Takt Eins ist eine Technik, die wir häufig in unseren Kompositionen verwenden. Sorge dafür, dass du sie kopierst! Diese Akkordfolge steht in der Tonart C-Dur und hat einen RnB-Vibe, der an Kerry ‚2 Smooth' Marshall, Spanky Alford und Isaiah Sharkey erinnert.

Beispiel 5l

Simon hörte zum ersten Mal diese Akkord-Voicings im Gospel-Stil mit einer hohen E-Pedalnote, gespielt vom unglaublichen Akustikgitarristen Tommy Emmanuel. Versuche in Beispiel 5m, die hohe E-Note so deutlich wie möglich ausklingen zu lassen, während du durch jede Form wechselst.

Beispiel 5m

Dieses Beispiel steht in der Tonart B-Moll und verpackt viele der in diesem Buch gezeigten Techniken in vier Takte, darunter gängige Neo-Soul-Akkord-Voicings, Legato-Techniken und Doppelgriffe. Je mehr Grooves wie diese du auswendig lernst, desto besser. Wähle deine Favoriten und verbringe zusätzliche Zeit damit, sie auswendig zu lernen.

Übe jeden Akkordwechsel in Beispiel 5n einzeln und baue dieses Beispiel langsam auf, besonders wenn dir diese Akkordformen neu sind.

Beispiel 5n

Wenn du Beispiel 5o übst, spiele die Legato-Linien getrennt von den Akkorden, bevor du sie zusammenfügst. Ziel ist es, bei der Wiedergabe dieses Beispiels einen „fließenden" Klang zu erreichen. Stell dir vor, du erzeugst den Klang eines kaskadierenden Wasserfalls, wenn du die E-Dur-Tonleiter (E F# G# A B C# D#) mit Hammer-Ons und Pull-Offs abschließt.

Beispiel 5o

Der Groove in Beispiel 5p wurde aus einem Instagram-Video mit Simon entnommen.

http://bit.ly/2yewpLi

Dieser längere Groove steht in der Tonart g-Moll und konzentriert sich auf die Akkordfolge von Ebmaj9, Bbmaj9 und Gm11. Die g-Moll-Pentatonik-Tonleiter (G Bb C D F) liefert die Hauptnoten für die durchweg vorkommenden Single-Note- und Doppelgriff-Licks, aber es gibt auch einige Durchgangstöne für zusätzliche Farbe.

Beispiel 5p

Oftmals beinhaltet ein Neo-Soul-Akkordteil eine melodische Phrase, die im Allgemeinen auf der B- und hohen E-Saite gespielt wird. Wie dies erreicht wird, zeigen wir dir in der Tonart Es-Dur in Beispiel 5q.

Bei diesem Beispiel findest du es vielleicht einfacher, zuerst die Akkordformen zu lernen, dann die Melodielinien auf der B- und E-Saite separat. Füge sie erst dann zusammen, wenn du mit beiden Teilen vertraut bist.

Beispiel 5q

Es gibt einige schöne Voicings, die in Beispiel 5r enthalten sind. Die Major-7-Voicings in den Takten Zwei und Drei und das 13b9 Voicing am Ende von Takt Fünf sind es wert, dein Akkordarsenal zu erweitern.

Beispiel 5r

Dieses Beispiel ist einer unserer Lieblingsgrooves in diesem Kapitel. Er basiert auf der Tonart B-Moll und verwendet für die meisten Grooves die B-Moll-Pentatonik (B D E F# A). In Takt Zwei bewegt sich der Groove kurz in A-Moll, wo die A-Blues-Tonleiter (A C D Eb E G) für ein beliebtes absteigendes Neo-Soul-Pattern verwendet wird. Der Lick endet in Takt Vier mit einem Lauf in der alterierten Skala in F# (F# G A Bb C D E). Dieser Lick ist ultra-hip und modern klingend und wird definitiv deine Freunde beeindrucken!

Wir empfehlen dir, dieses Beispiel mit Hybridpicking (Plektrum und Finger) zu spielen.

Beispiel 5s

Als wir den Inhalt dieses Buches recherchierten und vorbereiteten, verbrachten wir viel Zeit damit, uns sowohl mit Jazzakkorden als auch mit traditionellen Neo-Soul-Künstlern auseinanderzusetzen. Diese Idee kam von Barry Galbraith, der wohl einer der größten Jazzgitarristen ist, die je gelebt haben, aber der Mehrheit der Gitarristen ziemlich unbekannt ist. Wir empfehlen dir dringend, sein Buch *Guitar Comping* zu lesen, aber bedenke, dass es nur Notation und keine Tabulatur enthält.

Beispiel 5t steht in der Tonart E-Dur und verwendet einen komplexen Satz von alterierten Dominant-Akkorden, die in den ersten beiden Takten viel Spannung erzeugen, bevor sie in Takt Drei zum Emaj9 aufgelöst werden. Stelle sicher, dass du die die Barré-Akkordform komplett greifst, wie sie in Takt Vier zu sehen ist und halte sie gedrückt, während du die Legato-Muster abschließt.

Beispiel 5t

Manchmal klingen die im Neo-Soul verwendeten Akkordformen mit einem Arpeggio-Pattern, wie in Beispiel 5u gezeigt, großartig, funktionieren aber nicht so gut, wenn sie mit einem Strumming-Pattern gespielt werden. Wenn du deine eigenen Neo-Soul-Grooves schreibst, experimentiere mit Arpeggien und Strumming (oder einer Kombination aus beidem) und schau, welcher Sound am besten klingt. Dieser Groove ist in der Tonart G# Moll.

Beispiel 5u

Beispiel 5v steht in der Tonart d-Moll und veranschaulicht die Technik des Palm-Mute von Barré-Akkorden. In anderen Genres wie Rock ist es durchaus üblich, auf Single Notes Palm Mute zu spielen, aber Neo-Soul geht noch einen Schritt weiter und wendet es auf mehrsaitige Akkorde an. Experimentiere zuerst mit diesem Beispiel, aber gehe dann auf die in diesem Kapitel vorgestellten Grooves zurück und schau, ob das Hinzufügen von Palm-Mutes ihnen einen anderen Touch verleiht.

Beispiel 5v

Mittlerweile sollte klar sein, dass die Kombination von Akkorden und Fills ein großer Teil des Neo-Soul-Sounds ist. Eine Sache, die du beachten solltest, ist, dass die Fills, die du zwischen den Akkorden verwendest, niemals vom darunter liegenden Groove ablenken sollten. Um deine Disziplin in diesem Bereich aufzubauen, stelle sicher, dass du mit einem Metronom arbeitest, um alle Beispiele in diesem Buch zu spielen, und achte darauf, dass die Wechsel tight und im Groove sind.

Beispiel 5w steht in der Tonart E-Dur und wurde durch das Anschauen mehrerer Todd Pritchard Videos inspiriert. Neben der Verwendung der in diesem Buch vorgestellten Beispiele empfehlen wir, den von uns genannten Künstlern auf Instagram zu folgen und so viele Ideen wie möglich von ihnen aufzunehmen.

Beispiel 5w

Das „Quartet Guitar Playing" (ein Subgenre der Gospelmusik) ist so eng mit Neo-Soul verbunden, dass wir einen längeren Groove in diesen Stil aufnehmen wollten. Diese Figur ist in der Tonart E und verwendet Slash-Akkorde mit einem absteigenden Bassline-Muster. Schau, wie Simon es im untenstehenden Video spielt.

https://www.fundamental-changes.com/neo-soul-videos/

Beispiel 5x – Better in Fours

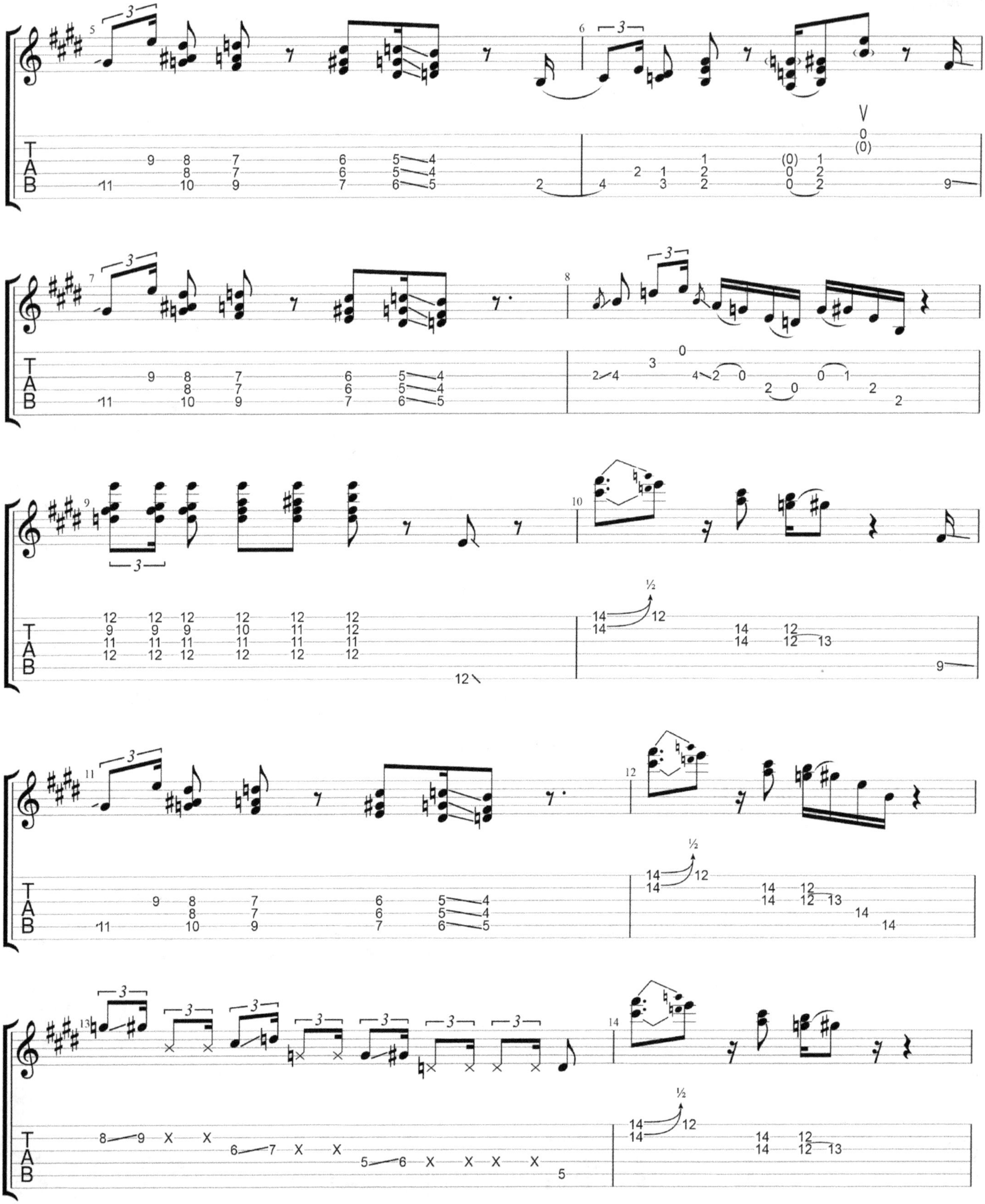

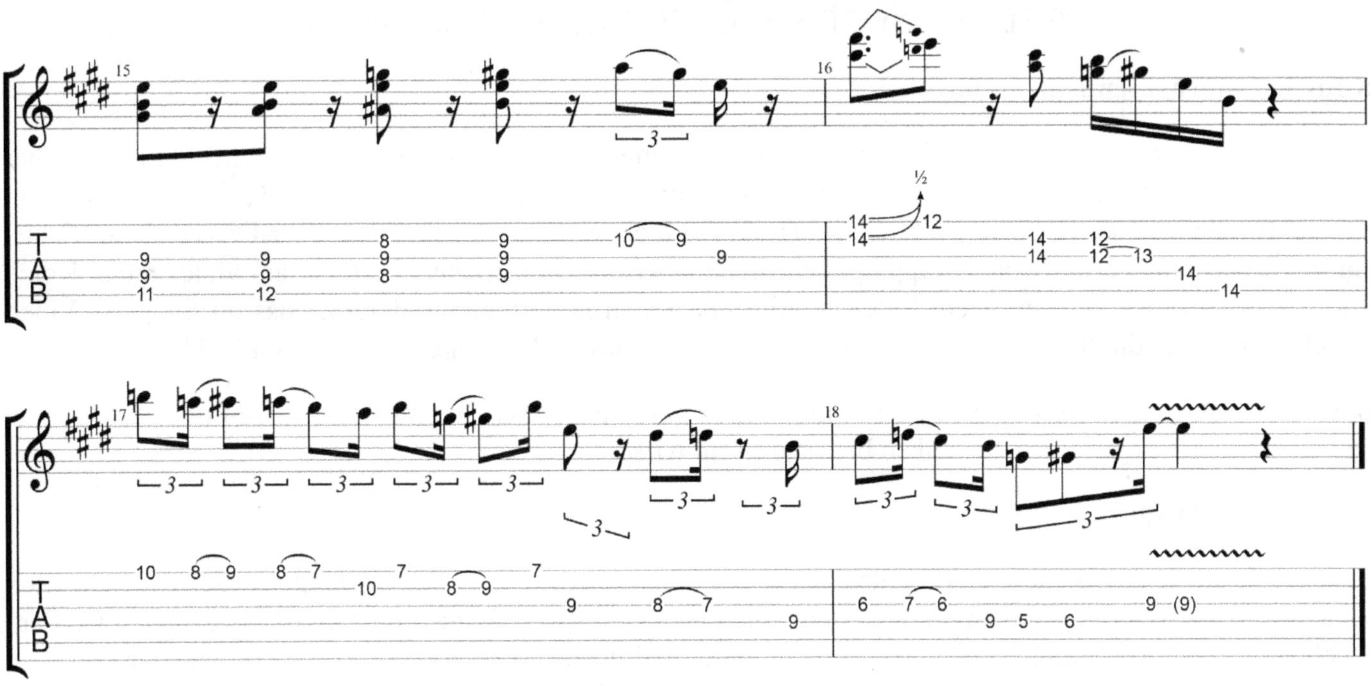

Kapitel Sechs – Erweiterte Techniken

Künstler im Rampenlicht: Justus West

Bisher haben wir viele der verschiedenen Techniken behandelt, die zum Neo-Soul-Sound beitragen, aber dieses Kapitel wird dein Spiel auf ein ganz neues Niveau bringen! Die erweiterten Techniken in diesem Kapitel beinhalten einen tieferen Einblick in das „Akkordbeben" (chord quake), Hammer-Ons aus dem Nichts, chromatische Annäherungsnoten, Tapping, natürliche Obertöne, künstliche Obertöne und vieles mehr. Keine Sorge, jede Technik wird in einem Video gezeigt und unten notiert. Achte darauf, dass du dir jedes Video ansiehst, während du die Techniken erarbeitest. **www.fundamental-changes.com/neo-soul-videos**

Bevor du eintauchst, sieh dir dieses Instagram-Video von Justus West an. Wir garantieren dir, dass du von einigen der hier vorgestellten Techniken begeistert sein wirst.

http://bit.ly/2QNdj5x

Beispiel 6a zeigt das berühmte Akkordbeben, das erstmals in Kapitel Fünf erwähnt wurde. Die schnellen Slides werden ausgeführt, indem die über den Noten angegebenen Akkordformen gedrückt gehalten werden. Spiele den ersten Akkordton, slide einen Bund hinunter und wieder hoch zum Akkordton. Spiele den nächsten Akkordton, so dass die erste Saite, die du gespielt hast, weiterhin klingt, und so weiter. Du solltest einen sanften Wasserfalleffekt hören. Achte darauf, dies so sauber wie möglich zu spielen, bevor du schneller wirst. Wenn dir diese Technik neu ist, empfehlen wir dir, jeden Takt einzeln zu üben, bevor du ihn zu diesem Viertaktbeispiel kombinierst.

Beispiel 6a

Bisher haben wir die Akkordbebentechnik demonstriert, indem wir die einzelnen Noten eines größeren Akkord-Voicings gezupft haben. Beispiel 6b zeigt, wie man es mit Doppelgriffen um die E-Dur-Tonleiter (E F# G# A B C# D#) anwendet. Dieses Beispiel wird besonders gut über einen Emaj7- oder Emaj9-Akkord funktionieren.

Beispiel 6b

Lass uns nun das Akkordbeben in einen musikalischeren Kontext stellen, indem wir es zu einer längeren Linie um die C-Dur-Tonleiter (C D E F G A B) hinzufügen. Achte darauf, dass du die Cmaj7-Form in Takt Zwei gedrückt hältst, wenn du das Akkordbeben beendest.

Beispiel 6c

Beispiel 6d zeigt ein Slide-Vibrato, das durch den Rock-Fusion-Meister Greg Howe berühmt wurde. Er ist nicht dafür bekannt, Neo-Soul zu spielen, wird aber stark mit dieser Art von Vibrato in Verbindung gebracht und die Technik wird oft von Neo-Soul-Gitarristen verwendet. Das Ziel ist es, die Finger der greifenden Hand außerhalb des Bundes (normalerweise nach oben) zu bewegen und dann wieder in die Tonhöhe zurückzukehren. Bewege die Finger nicht innerhalb eines Bundes, um das Vibrato zu erzeugen, sondern slide nach oben, aus dem Bund und wieder nach unten, um den Ton zu treffen. Tu dies schnell und mehrmals, um ein deutliches Vibrato zu erzeugen. Um diese Technik in Aktion zu sehen, sieh dir das Video unten an.

Beispiel 6d veranschaulicht diese Technik mit einem Lick, der um die A Blues-Tonleiter (A C D Eb E G) herum aufgebaut ist. Dieser Lick funktioniert gut über einen Am7- oder Am9-Akkord.

https://www.fundamental-changes.com/neo-soul-videos/

Beispiel 6d

Wir können die Greg Howe Vibrato-Idee einen Schritt weiter bringen und sie mit Doppelgriffen verwenden. Beispiel 6e ist eine G# Moll-Pentatonik-Tonleiter-Phrase (G# B C# D# F#), die vollständig aus Doppelgriffen besteht. Sie verwendet Hammer-Ons, Slides und das Greg Howe Vibrato, um ihm den Neo-Soul-Sound zu verleihen. Dieser Lick funktioniert gut über einen Gm7- oder Gm9-Akkord.

Hör dir das Audio des nächsten Beispiels an, aber experimentiere ruhig mit der Länge und Breite deines eigenen Vibratos. Es klingt anders, wenn man einmal zwischen dem 4. und 5. Bund slidet (subtiles Vibrato), als wenn man mehrmals zwischen dem 4. und 6. Bund slidet (schweres Vibrato). Du kannst sogar noch weiter sliden, wenn das der Klang ist, den du bevorzugst!

Beispiel 6e

Beispiel 6f ist eine spaßige Akkordfolge in D-Dur, die die Verwendung eines übermäßigen Akkords in Takt Eins beinhaltet. Dies erhöht die Spannung, bevor zum Bm9-Akkord in Takt Zwei aufgelöst wird. In diesem Beispiel wird die Akkordbeben-Technik auf die volle Akkordform eines C#dim7 (am Ende von Takt Zwei) angewendet.

Beispiel 6f

Die nächste Technik, die wir uns ansehen werden, ist eine fortgeschrittenere Version des RnB-Akkordtricks von Kapitel Zwei. Es ist ein gängiger Neo-Soul-Ansatz, eine Akkordform herunterzuspielen. Beispiel 6g zeigt diesen Ansatz um ein Cmaj7 Akkord-Voicing. Ziele darauf ab, jede Note klar anzuschlagen und verwende Alternate-Picking, um diese Übung zu spielen.

Beispiel 6g

Beispiel 6h basiert überwiegend auf der C-Dur-Pentatonik-Tonleiter (C D E G A) und stellt die beliebte Legato-Technik der Hammer-Ons aus dem Nichts vor.

Hammer-Ons und Pull-Offs helfen dir, mehr Geschwindigkeit zu erreichen, insbesondere „Hammer-Ons aus dem Nichts", wodurch deine Licks sehr fließend klingen. Die greifende Hand erledigt in diesem Beispiel fast die gesamte Arbeit. Wenn du die Saiten wechselst, hämmere den Finger ohne anzuschlagen nach unten und versuche, alle Noten gleich laut zu machen. Beende den Lick mit einem Akkordbeben mit dem Cmaj9-Akkord. Spiele diesen Lick frei, denn hier ist eine flüssige Spielweise gefragt.

Beispiel 6h

Beispiel 6i zeigt eine Akkordfolge in der Tonart D-Dur, die sich stark auf die Verwendung von Legato-Patterns mit der greifenden Hand stützt, um ihren fließenden Klang zu erzeugen. Obwohl es zunächst entmutigend aussehen mag, wird sich Takt Zwei vertraut anfühlen, da du das Pattern bereits in Beispiel 6g gelernt hast, obwohl es jetzt in D-Dur statt in C-Dur gespielt wird.

Beispiel 6i

Beispiel 6j zeigt eine coole Legato-Linie basierend auf der C-Dur-Tonleiter. Die erste Hälfte von Takt Eins zeigt eine Legato-Sequenz, die auf einem Em11-Akkord basiert. Die zweite Hälfte des Taktes steigt mit einer Mischung aus einem Fmaj7-Arpeggio (F A C E) und Cmaj7-Arpeggio (C E G B) an, bevor sie sich auf dem Cmaj7-Voicing auf den oberen vier Saiten auflöst.

Beispiel 6j

Die folgenden beiden Beispiele verwenden chromatische Annäherungsnoten mit Doppelgriff-Linien. Beginne einen Halbton unter den Akkordtönen, slide in sie hinein und zupfe die Noten erneut. Spiele diese Passagen mit Palm-Mute, um die Lautstärke der Annäherungsnoten zu steuern, und lass die letzten Noten ausklingen, um die Tonart zu verstärken. Wenn dir diese Art von Doppelgriffen neu ist, empfehlen wir dir, nur Downstrokes zu verwenden.

Beispiel 6k

Beispiel 6l zeigt ein Palm-Mute-Doppelgriff-Pattern auf mehreren Saiten. Obwohl sich das Ende des Taktes wunderschön in D-Dur auflöst, passt der Rest des Taktes auch gut auf einen E-Dur- oder E7-Akkord.

Beispiel 6l

Obwohl Tapping eine Technik ist, die nicht eng mit Neo-Soul verbunden ist, kann es einige sehr interessante Klänge erzeugen und es uns ermöglichen, Noten in unsere Linien aufzunehmen, die sonst außer Reichweite wären. Beispiel 6m hält einen E-Dur-Barré-Akkord mit der CAGED E-Form am 12. Bund, während am 16. Bund über allen Saiten ein Tap ausgeführt wird. Der gesamte Klang wird von der zupfenden Hand erzeugt, während die greifende Hand den Akkord hält. Nachfolgend findest du einen Link zu einem Video, das eine detaillierte Beschreibung dieser Tapping-Technik enthält.

https://www.fundamental-changes.com/neo-soul-videos/

Beispiel 6m

Der nächste Lick verwendet mehr als einen Finger der Spielhand. Für die meisten Menschen ist es am einfachsten, die Mittel- und Ringfinger zu benutzen, besonders wenn du ein Plektrum hältst, aber probiere andere Fingerkombinationen (Zeigefinger und Mittel, Zeigefinger und Ring, Mittel und Zeigefinger) aus, um zu sehen, was für dich am besten funktioniert. Die Idee des Licks bleibt die gleiche. Halte einen E-Dur-Barré-Akkord auf dem 12. Bund gedrückt, während du mit der zupfenden Hand tappst, aber tappe nun zwei Saiten gleichzeitig.

Beispiel 6n

Wenn du die Verwendung beider Hände auf dem Griffbrett verinnerlicht hast, fahre mit Beispiel 6o fort, um diese Technik in einem musikalischeren Kontext anzuwenden. Dieses Beispiel hat einen leichten Swing-Groove und liegt in der Tonart E-Dur, so dass jeder Mini-Lick über einem Emaj7- oder Emaj9-Akkord gespielt werden kann. Beachte auch die Verwendung der 6/4-Taktart. Höre, wie Kristof dieses Beispiel auf der Audiospur spielt, um ein Gefühl für den 6/4-Takts zu bekommen, bevor du es spielst.

Beispiel 60

Natürliche Flageoletts oder Obertöne sind überall auf dem Griffbrett verfügbar. Beispiel 6p veranschaulicht einige Ideen, wie man sie mit einer Akkordfolge in der Tonart G-Dur verwenden kann.

Für weitere Informationen über natürliche Flageoletts lies Rob Thorpes fantastischen Artikel.

https://www.fundamental-changes.com/natural-harmonics-part-2/

Der letzte Schlag von Takt Drei ist ein „hinter dem Sattel-Bend". Um diesen Bend abzuschließen, drücke auf die Saite hinter dem Sattel, um das Flageolett um einen Halbton zu erhöhen.

Beispiel 6p

Natürliche Flageoletts sind schön, aber ihre Verwendung kann etwas eingeschränkt sein. Die Lösung für diese Einschränkung ist die Technik der künstlichen Obertöne. Sieh dir das Video an, um eine detaillierte Erklärung zu erhalten, wie du künstliche Obertöne erzeugst, da es mehr als eine Möglichkeit gibt, dies zu tun.

Der einfachste Weg für Plektrum-Benutzer, künstliche Obertöne zu spielen, ist, das Plektrum zwischen Daumen und Mittelfinger zu halten. Diejenigen, die mit ihren Fingern zupfen, sollten den Daumennagel der greifenden Hand verwenden.

Zeige mit dem Zeigefinger der zupfenden Hand auf zwölf Bünde über der gegriffenen Note und berühre die Saite leicht, während du sie mit dem Plektrum oder Daumen zupfst. Greife zum Beispiel den 7. Bund auf der G-Saite und berühre leicht den 19. Bund der gleichen Saite mit dem Zeigefinger der zupfenden Hand, während du in Richtung des Metalls des Bundes zeigst. Zupfe jetzt hinter dem Zeigefinger. Das Ergebnis sollte ein Klang ähnlich eines natürlichen Flageoletts sein.

Arbeite daran, die künstlichen Obertöne sauber zu spielen, bevor du mit Beispiel 6q fortfährst. Dieses Beispiel stellt diese schön klingenden Flageoletts mit einer Harmoniefolge mittels der E-Dur-Tonleiter vor. Achte besonders auf den letzten Takt, da die Flageoletts diesmal sieben Bünde über den gegriffenen Noten gespielt werden, um ein anderes Intervall zu erzeugen.

https://www.fundamental-changes.com/neo-soul-videos/

Beispiel 6q

Beispiel 6r zeigt eine andere Ausführung von künstlichen Obertönen. Der „Slap Tap" bedeutet, dass du den Bund zwölf Bünde über der gegriffenen Note (oder Noten in diesem Beispiel) slappen oder schlagen musst. Dies wird auch im beiliegenden Video ausführlich erläutert.

Dieses Beispiel steht in der Tonart E-Dur und Kristof nahm es mit 70 Schlägen pro Minute auf. Du kannst bei allen Licks in diesem Buch mit verschiedenen Tempi experimentieren, wenn du dich beim Spielen wohlfühlst.

Beispiel 6r

Die nächsten fünf Beispiele kombinieren die oben genannten Techniken mit einigen interessanten Akkord-Voicings. Beispiel 6s steht in der Tonart G-Dur und verwendet die G-Dur-Pentatonik (G A B D E) mit etwas Chromatik, um eine modern klingende Neo-Soul-Phrase zu erzeugen. Wir empfehlen, die in diesem Beispiel gezeigten Akkordformen für sich zu üben, bevor du das vollständige Beispiel durchspielst.

Beispiel 6s

Beispiel 6t ist eine Mischung aus Tapping und Akkord-Voicings, die sich um die Tonart D-Dur drehen. Verwende zwei Finger der greifenden Hand, um die Bünde Siebzehn und Neunzehn auf der hohe E-Saite zu tappen. Du kannst auch vom siebzehnten bis neunzehnten Bund und zurück sliden, wenn du diesen Klang bevorzugst. Die fließende Charakteristik, die diese erweiterten Techniken erzeugen können, ist ein großer Teil des komplexen Neo-Soul-Klanges. Um diese Technik in Aktion zu sehen, schau dir dieses Video an.

http://bit.ly/2Om5K9l

Beispiel 6t

Es gibt zwei Hauptarten, um schnell auf der Gitarre zu spielen: so schnell wie möglich in einem starren, rhythmischen Muster zu spielen, oder so viele Noten wie möglich in einen Takt zu pressen und sicherzustellen, dass man auf einem bestimmten Taktschlag landet. Beispiel 6u demonstriert die zweite Art des schnellen Spielens, indem es viele Noten in anderthalb Schläge zerlegt. Achte darauf, dass du auf Schlag Drei landest, wenn du dieses Beispiel abschließt.

Dieses Beispiel verwendet die C-Dur-Tonleiter (C D E F G A B) und funktioniert gut über einen CMaj7- oder CMaj9-Akkord.

Beispiel 6u

Beispiel 6v kombiniert Legato, Hammer-Ons aus dem Nichts, Dreifachgriffe und Flageoletts in der Tonart C-Dur (C D E F G A B C). Wie bei vielen Neo-Soul-Licks und Phrasen ist Takt Drei dazu gedacht, frei gespielt zu werden, also mach dir keine Sorgen, wenn du bei diesem Beispiel nicht voll auf dem Taktschlag bist.

Beispiel 6v

Das letzte Beispiel dieses Kapitels ist das komplizierteste. Es versucht, viele der verschiedenen Techniken, die wir gelernt haben, zu kombinieren, ohne die Musikalität zu verlieren. Dieser Lick basiert auf F-Dur und verwendet die F-Dur-Tonleiter (F G A Bb C D E) in den Takten Eins und Zwei, mit einigen zusätzlichen chromatischen Durchgangsnoten. Takt Drei kombiniert ein Bbmaj7 (Bb D F A) und Bbm (Bb Db F) Arpeggio, um die IVmaj bis IVm Kadenz zu erzeugen. Das Beispiel endet mit einem wunderschönen aufsteigenden F-Dur Doppelgriff-Pattern.

Achte darauf, dass du dir das Audiobeispiel anhörst, da es beim zweiten Mal ganz frei gespielt wird. Experimentiere damit und lasse jede Note so sauber wie möglich klingen.

Beispiel 6w

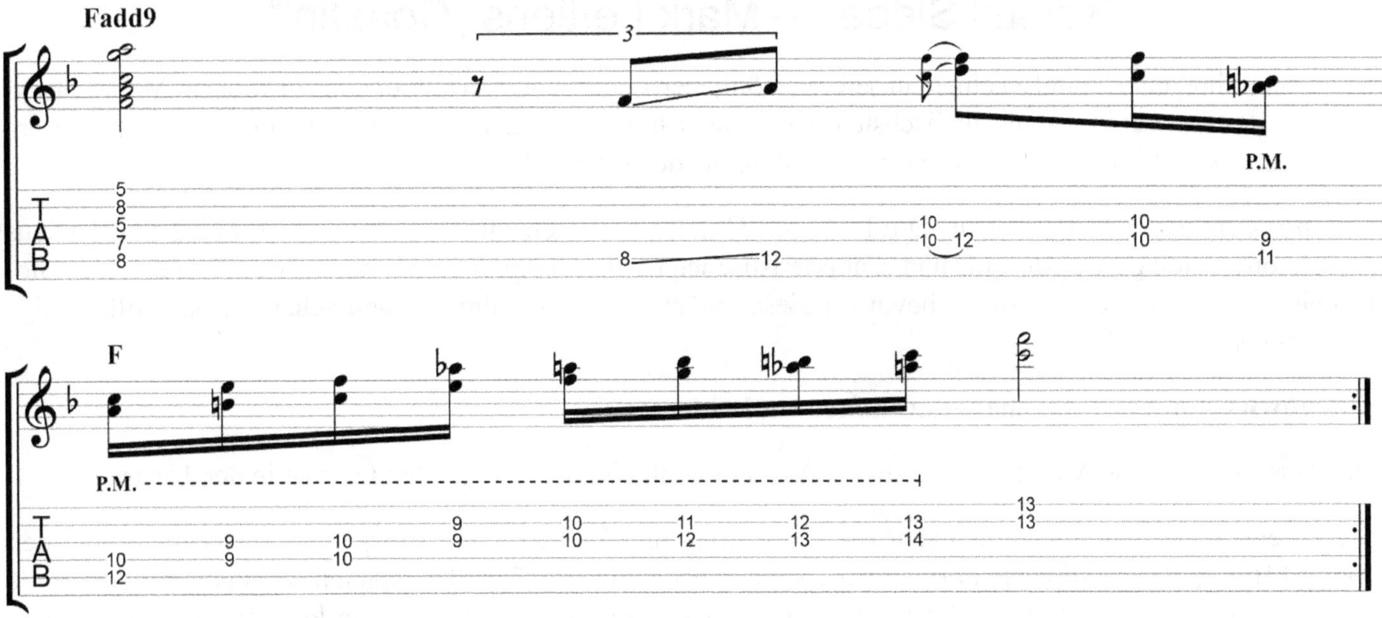
Fadd9
3
P.M.
F
P.M.

Kapitel Sieben – Mark Lettieris „Coastin'"

Es ist eine Ehre, ein Kapitel zu einem unserer persönlichen Gitarrenhelden aufnehmen zu können. Mark Lettieri ist einer der innovativsten, musikalischsten und technisch versiertesten Gitarristen, die es gibt und in diesem Buch sind zwei Originalstücke von Mark enthalten, die du lernen solltest.

Coastin' steht in der Tonart D-Dur (D E F# G A B C#) und hat einen entspannten Funk Groove. Es besteht aus Jazzakkord-Voicings, Legato-Fills und charakteristischen Lettieri-Techniken wie der Verwendung des Tremolo-Hebels. Lies die folgenden Tipps, bevor du dieses Stück in Angriff nimmst, und schau dir das vollständige Video unten an.

https://www.fundamental-changes.com/neo-soul-videos/

Der Track beginnt mit Major 7 und Minor 7-Akkorden mit einem synkopierten Groove in der Tonart D.

Mark benutzt den Tremolo-Hebel sehr oft zu Beginn von *Coastin'*. Zum Beispiel in Takt Drei, spiele den Akkord Bm7add9 und slide die Form einen Ton nach oben, um C#m7add9 zu spielen. Wenn du mit dem Slide fertig bist, drücke den Tremolo-Hebel einen vollen Ton nach unten, bevor du ihn loslässt, um zur Tonhöhe zurückzukehren. Mark verwendet diese Idee oft und es ist eine spaßige Technik, um dein Neo-Soul-Spiel zu erweitern.

Akkord-Voicings, die nur die ersten drei oder vier Saiten verwenden, werden im Neo-Soul häufig verwendet, wie in diesem Track gezeigt. Übe diese mit Palm-Mute und lass die Noten auch ausklingen.

Die Verwendung von offenen Saiten ist in der Gospelmusik sehr beliebt. Die Takte Vierzehn und Siebzehn haben Akkordformen, die die offenen B- und E-Saiten beinhalten.

Mark war so freundlich, auch eine Backing-Track-Version dieses Stückes aufzunehmen, so dass man genau über das Gleiche mitspielen kann, worüber er den Track aufgenommen hat!

Neben den Stücken, die in diesem Buch vorgestellt werden, solltest du dir Marks Album *Spark and Echo* anhören, um ein Gitarrenspiel zu hören, das zu dem groovigsten und geschmackvollsten überhaupt gehört.

Viel Spaß!

Coastin' – Komplettes Stück

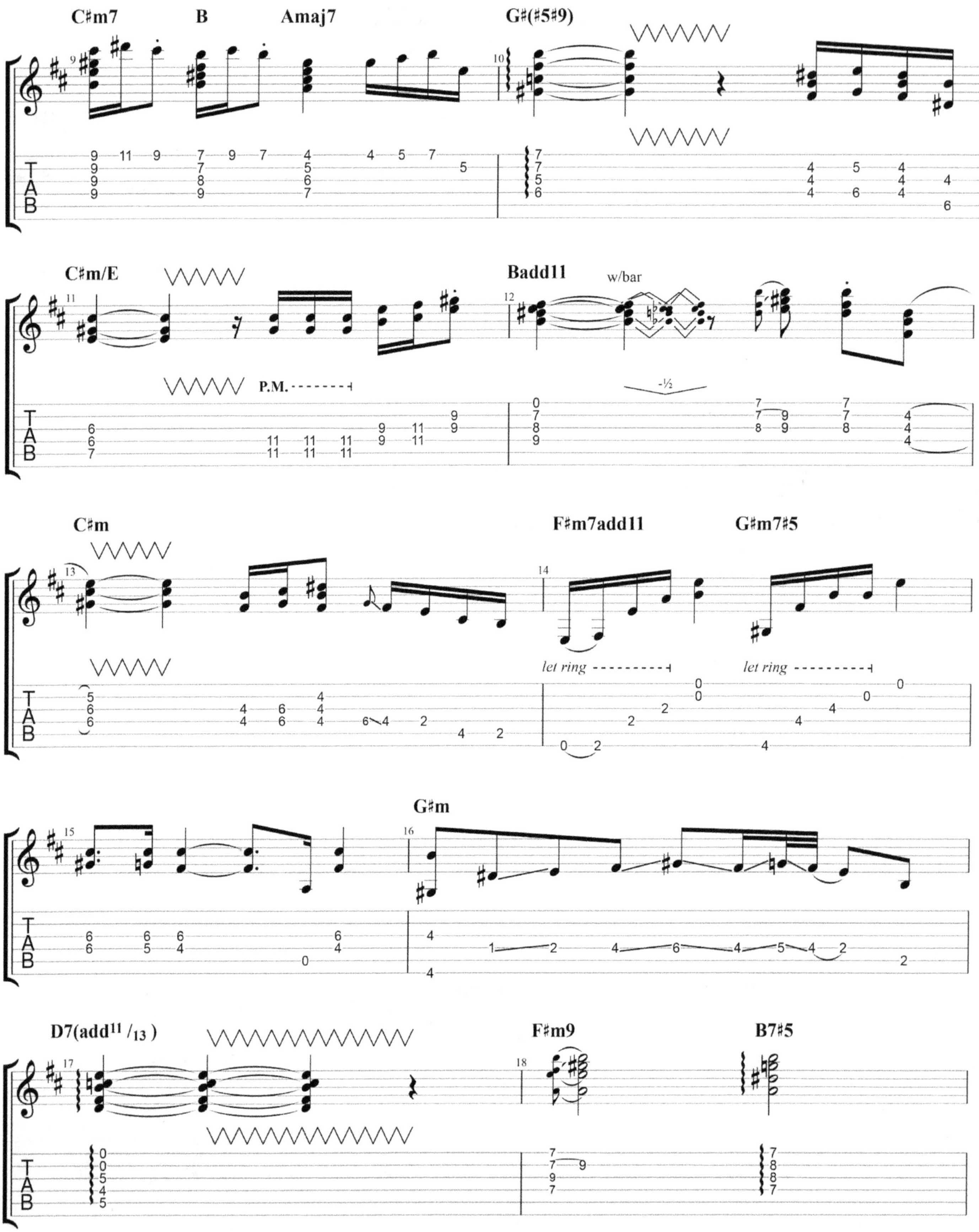
C♯m7
B
Amaj7
G♯(♯5♯9)
C♯m/E
P.M.
Badd11
w/bar
-½
C♯m
F♯m7add11
G♯m7♯5
let ring
let ring
G♯m
D7(add11/13)
F♯m9
B7♯5

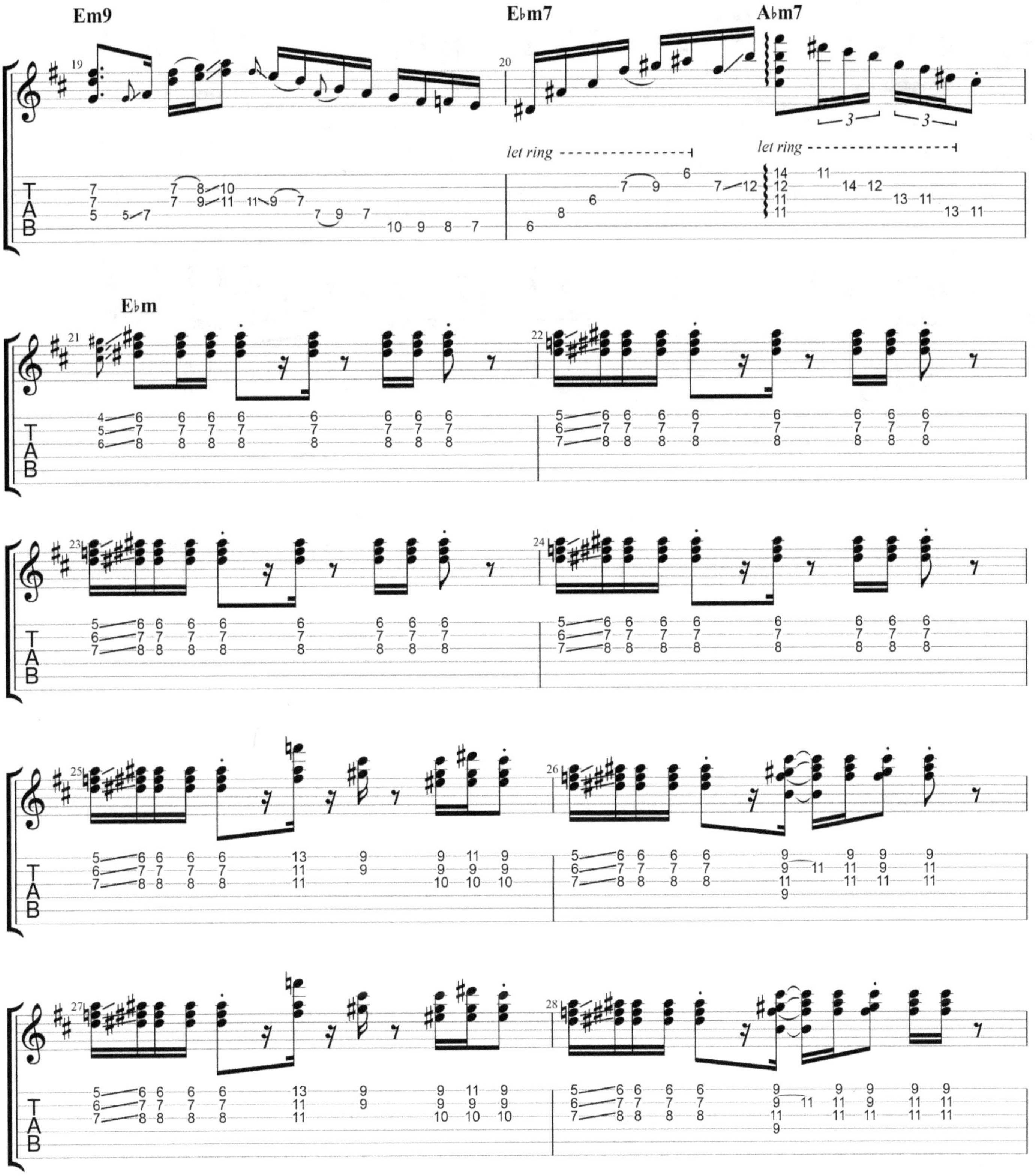
Em9
E♭m7
A♭m7
let ring
let ring
E♭m

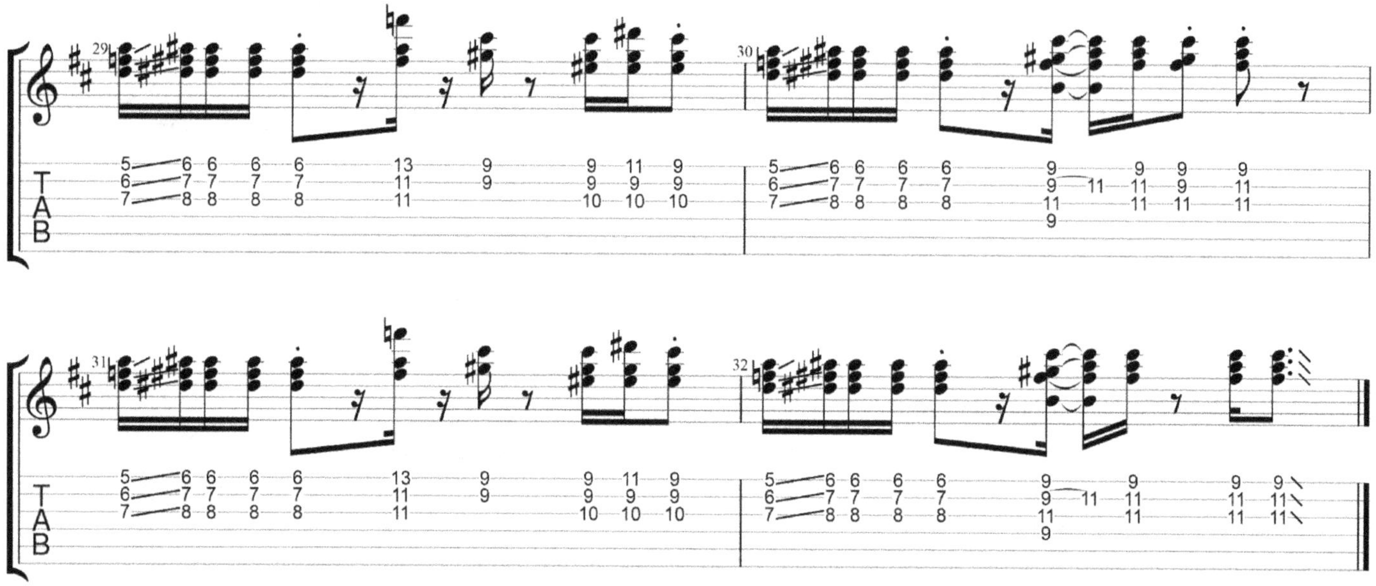
29
30
TAB
31
32
TAB

Kapitel Acht – Kristof Neyens' „Fat Rat"

Fat Rat verwendet die B-Dur-Tonleiter (B C# D# E F# E F# G# A#) und enthält einige interessante Akkord-Voicings, Single-Note-Legato-Linien, Doppelgriffe, Flageoletttöne und viele andere Techniken, die in diesem Buch vorgestellt wurden. Das Stück wurde geschrieben, um das Gefühl des „Push and Pull" des Beats zu unterstreichen, der im Neo-Soul so markant ist. *Fat Rat* zeigt, dass Tightness nicht immer notwendig ist, um den Neo-Soul-Vibe einzufangen. Achte darauf, dass du dir das gesamte Video ansiehst, um das richtige Gefühl und die richtige Stimmung einzufangen.

https://www.fundamental-changes.com/neo-soul-videos/

Bevor du *Fat Rat* spielst, lies dir die folgenden Tipps durch:

Takt Zwei zeigt die Kombination einer Single-Note-Linie, die ein Bmaj9 Arpeggio (B D# F# F# A# C#) mit einer Doppelgrifflinie darstellt. Ziel ist es, diesen Lick so sanft und sauber wie möglich zu spielen, bevor du Geschwindigkeit aufbaust. Die Geschmeidigkeit ist der Schlüssel zu diesem ganzen Stück.

Wirf einen Blick auf den Strophenteil dieses Stückes. Die harmonischen Funktionen sind Imaj7 (Bmaj7), bVIImaj7 (Amaj7), VIm7 (G#m7), V7sus (F#7sus) und V7 (F#7). Auf dem Amaj7 gibt es eine einzelne Notenlinie, die mit dem Greg Howe-Vibrato endet, auf das wir in Kapitel Sechs eingegangen sind.

Der Chorus bewegt sich von E über D#7 nach G#m7. Der letzte Lick beinhaltet Flageoletttöne. Die Flageoletttöne werden mit dem Plektrum und dem Zeigefinger der zupfenden Hand gespielt, während der Ringfinger der Spielhand die erste der gegriffenen Noten anspielt. Es folgt ein Pull-Off der Greifhand.

Wenn du dieses Buch nacheinander durchgearbeitet hast, dann wirst du es viel einfacher finden, die kompletten Stücke zu meistern!

Um mehr von Kristofs Spiel zu sehen, schau dir unbedingt seinen äußerst beliebten Instagram-Account unten an.

https://www.instagram.com/kristofneyensguitar/

Fat Rat – Komplettes Stück

Bmaj7 Amaj7 G♯m7 F♯7sus F♯7
Bmaj7 Amaj7 G♯m7 F♯7sus F♯7
Bmaj7 Amaj7 G♯m7 F♯7 F7
E D♯7 G♯m7
AH AH
let ring
let ring
E D♯7 G♯m7 G♯7
let ring

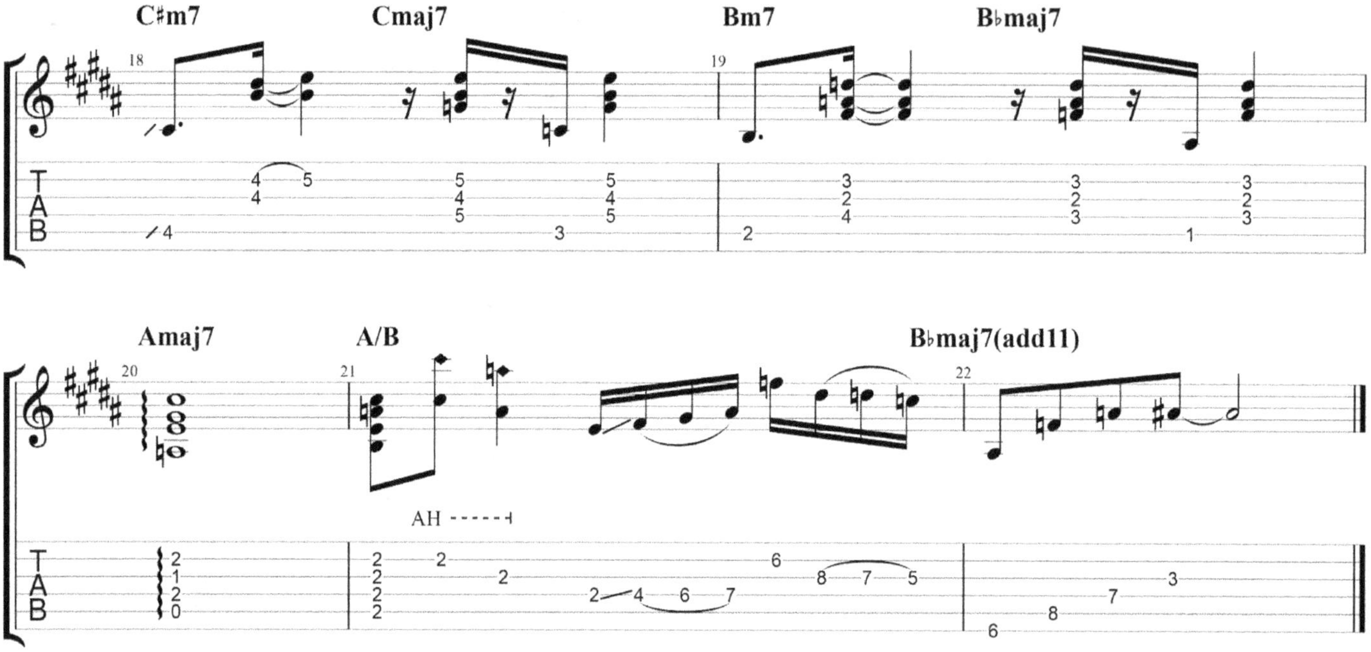
C♯m7
Cmaj7
Bm7
B♭maj7
Amaj7
A/B
B♭maj7(add11)
AH

Kapitel Neun – Simon Pratts „Get Hip"

Get Hip steht in der Tonart von Eb-Moll und ist stark auf die Verwendung der Eb-Moll Pentatonik-Tonleiter (Eb Gb Ab Bb Db) angewiesen. Simon schuf diesen Song, um die Techniken der Single Notes, Doppelgriffe und Legato-Akkord-Fills betonen. Obwohl es in diesem Stück viele Verzierungen gibt, liegt der Schwerpunkt immer wieder auf den zentralen drei Akkord-Grooves von Abm11, Bbm11 und Ebm7.

Wir empfehlen, dir anzusehen, wie Simon diesen Track im beiliegenden Video spielt und die folgenden Tipps zu lesen, bevor du dieses Stück ausprobierst.

https://www.fundamental-changes.com/neo-soul-videos/

Takt Eins: Wenn die Töne der Doppelgriffe zu laut erklingen, füge ein leichtes Palm-Mute hinzu.

Takt Zwei und Drei: Die in diesen Takten enthaltenen Akkorde Abm11, Bbm und Ebm7 dienen als Hauptgroove für das gesamte Stück. Stelle sicher, dass sich dieses Pattern angenehm anfühlt, bevor du fortfährst.

Takt Fünf: Achte genau auf die Angaben „Let Ring" und „Palm Muted" in diesem Takt.

Takt Neun: Lerne auf der längeren Linie in Takt 9 nur wenige Noten auf einmal, in einem Tempo von etwa 50 bpm, bevor du schneller wirst.

Takte Neunzehn und Zwanzig: Um die längeren Single-Note- und Doppelgriff-Licks in diesen Takten zu erlernen, zerlege sie in Vier-Noten-Blöcke und setze sie anschließend zusammen.

Um mehr von Simons Ideen zu sehen, schaue dir seinen Instagram-Account unten an.

https://www.instagram.com/simeygoesfunkay/

Get Hip – Komplettes Stück

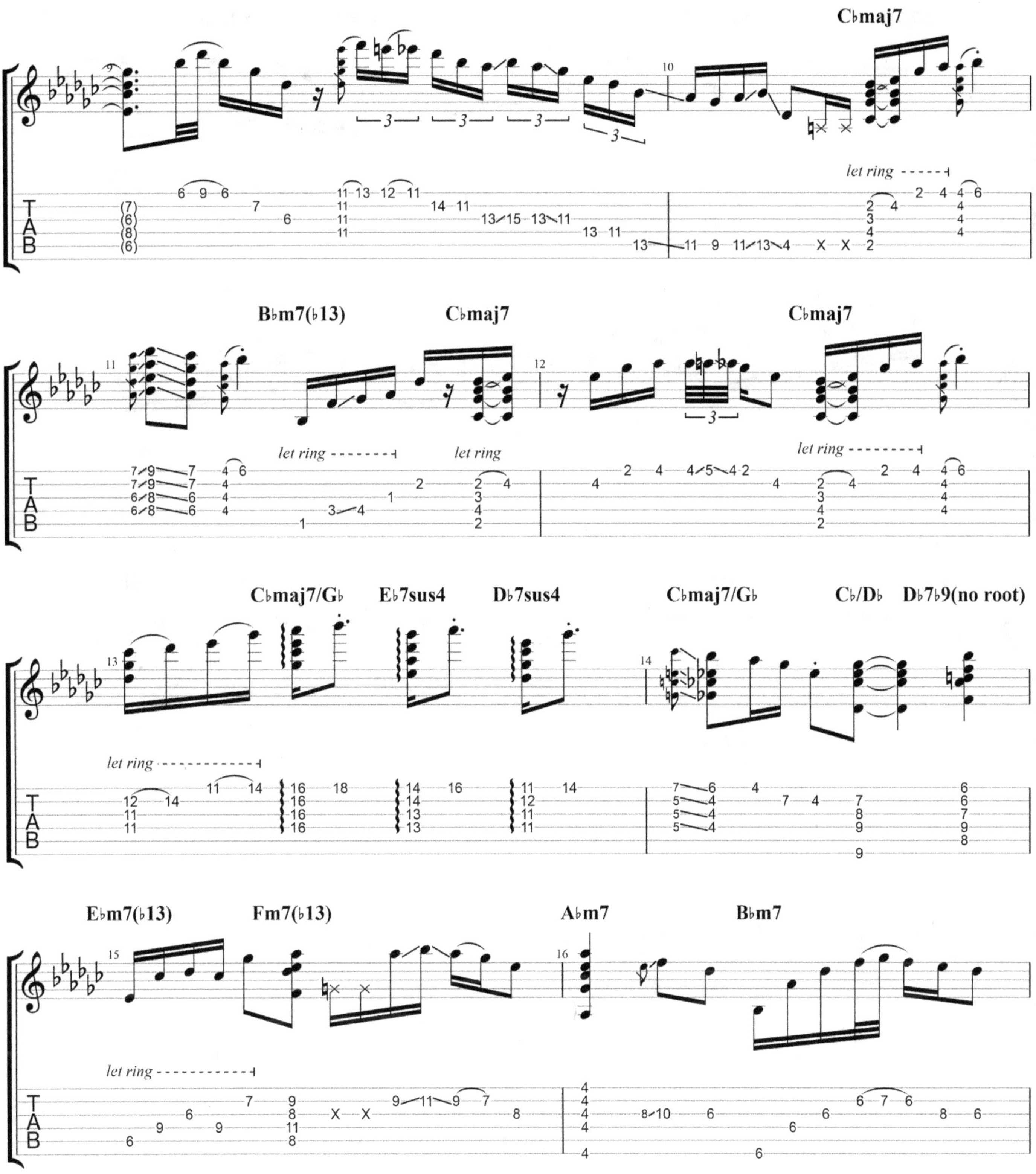
C♭maj7
let ring
B♭m7(♭13)
C♭maj7
let ring
let ring
C♭maj7
let ring
C♭maj7/G♭
E♭7sus4
D♭7sus4
C♭maj7/G♭
C♭/D♭
D♭7♭9(no root)
let ring
E♭m7(♭13)
Fm7(♭13)
A♭m7
B♭m7
let ring

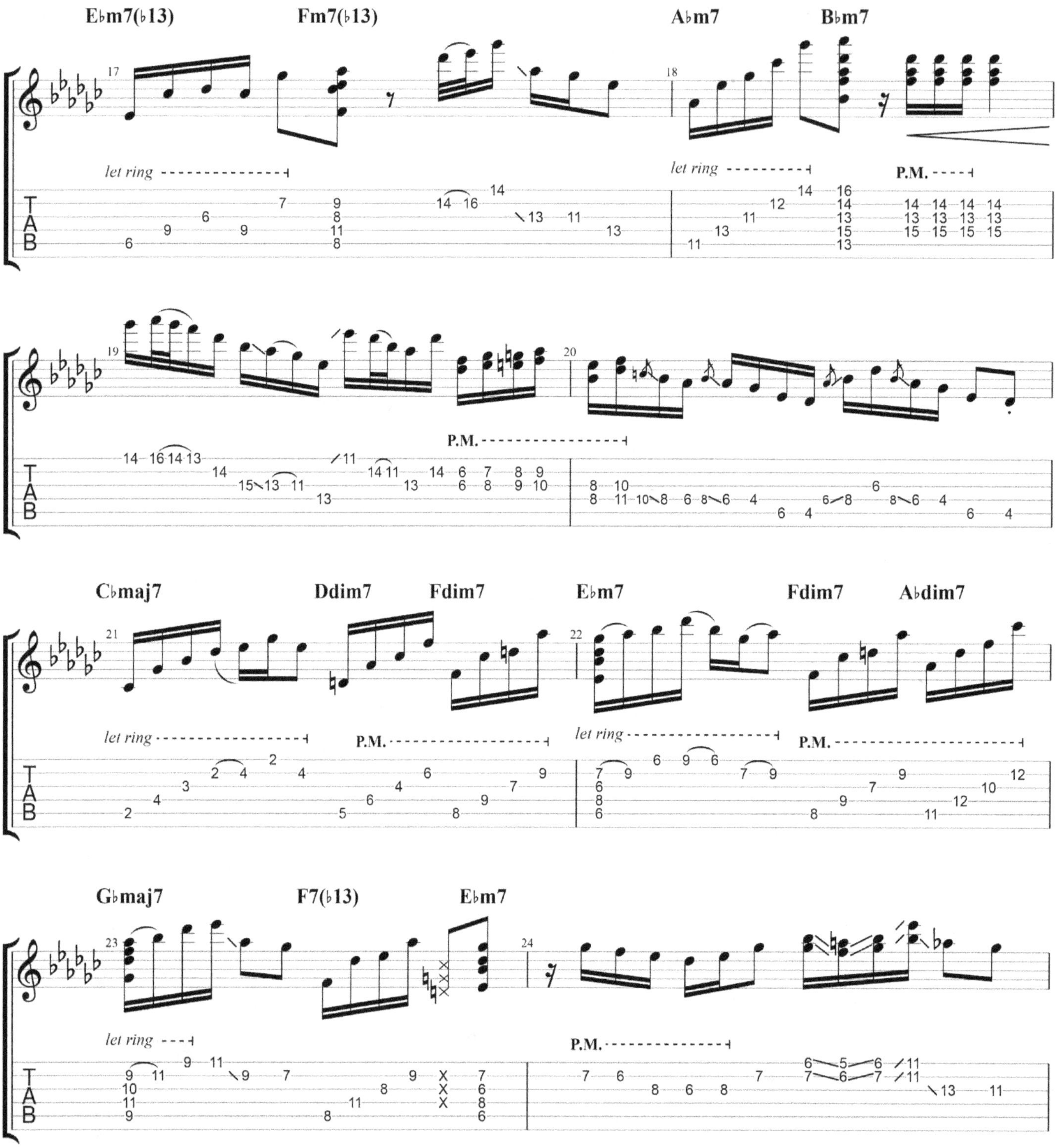
E♭m7(♭13)
Fm7(♭13)
A♭m7
B♭m7
let ring
P.M.
C♭maj7
Ddim7
Fdim7
E♭m7
Fdim7
A♭dim7
G♭maj7
F7(♭13)
E♭m7
TAB

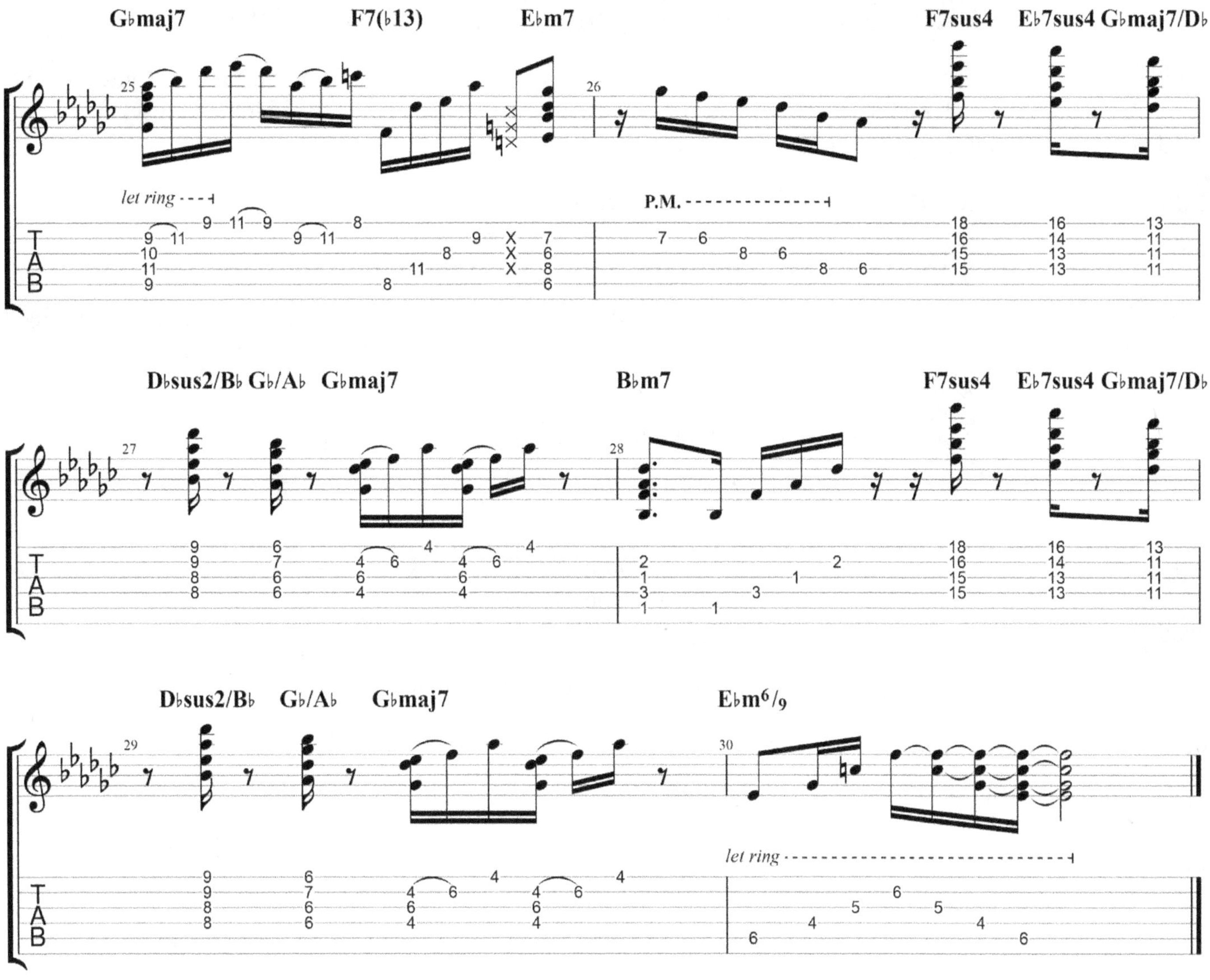
G♭maj7
F7(♭13)
E♭m7
F7sus4
E♭7sus4
G♭maj7/D♭
let ring
P.M.
D♭sus2/B♭
G♭/A♭
G♭maj7
B♭m7
F7sus4
E♭7sus4
G♭maj7/D♭
D♭sus2/B♭
G♭/A♭
G♭maj7
E♭m6/9
let ring

Kapitel Zehn – Mark Lettieris „Sunday Brunch"

Sunday Brunch ist Marks zweites Stück für dieses Buch. Es verwendet überwiegend die D-Dur-Tonleiter (D E F# G A B C#), leiht sich aber Akkorde von verwandten Tonarten. Wie du im Video-Link unten sehen kannst, wird bei diesem Stück Fingerpicking angewendet.

https://www.fundamental-changes.com/neo-soul-videos/

Die folgenden Tipps helfen dir, dieses Stück in Angriff zu nehmen:

Das Stück beginnt mit Dreifachgriffen (drei gleichzeitig gespielte Noten), wobei die Kopfnoten der Voicings eine Mixolydische Tonleiter in D (D E F# G A B C) umreißen. Spiele diese Akkorde kurz, um sie so tight wie möglich zu halten. Tightness ist das A und O während des gesamten Stücks.

Verminderte Akkord-Ideen werden im Neo-Soul häufig verwendet. Diese Akkorde können nützlich sein, um Harmoniefolgen miteinander zu verbinden, wie es Mark in diesem Stück mehrfach demonstriert (Takte Sechs, Acht, Elf, Dreizehn, Vierzehn, Sechzehn und so weiter).

Schau dir an, wie chromatische Annäherungsoten und Akkorde auf dem E7-Groove verwendet werden, beginnend bei Takt Sechsundzwanzig. Es gibt oft eine Bewegung von Eb7 nach E7. Spiel das tight und stakkatoartig.

Um mehr über Marks unglaubliche Arbeit zu erfahren, besuche die folgenden Links:

https://www.instagram.com/mjlettieri/

http://bit.ly/2EhMTaZ

https://www.marklettieri.com/

Sunday Brunch – Komplettes Stück

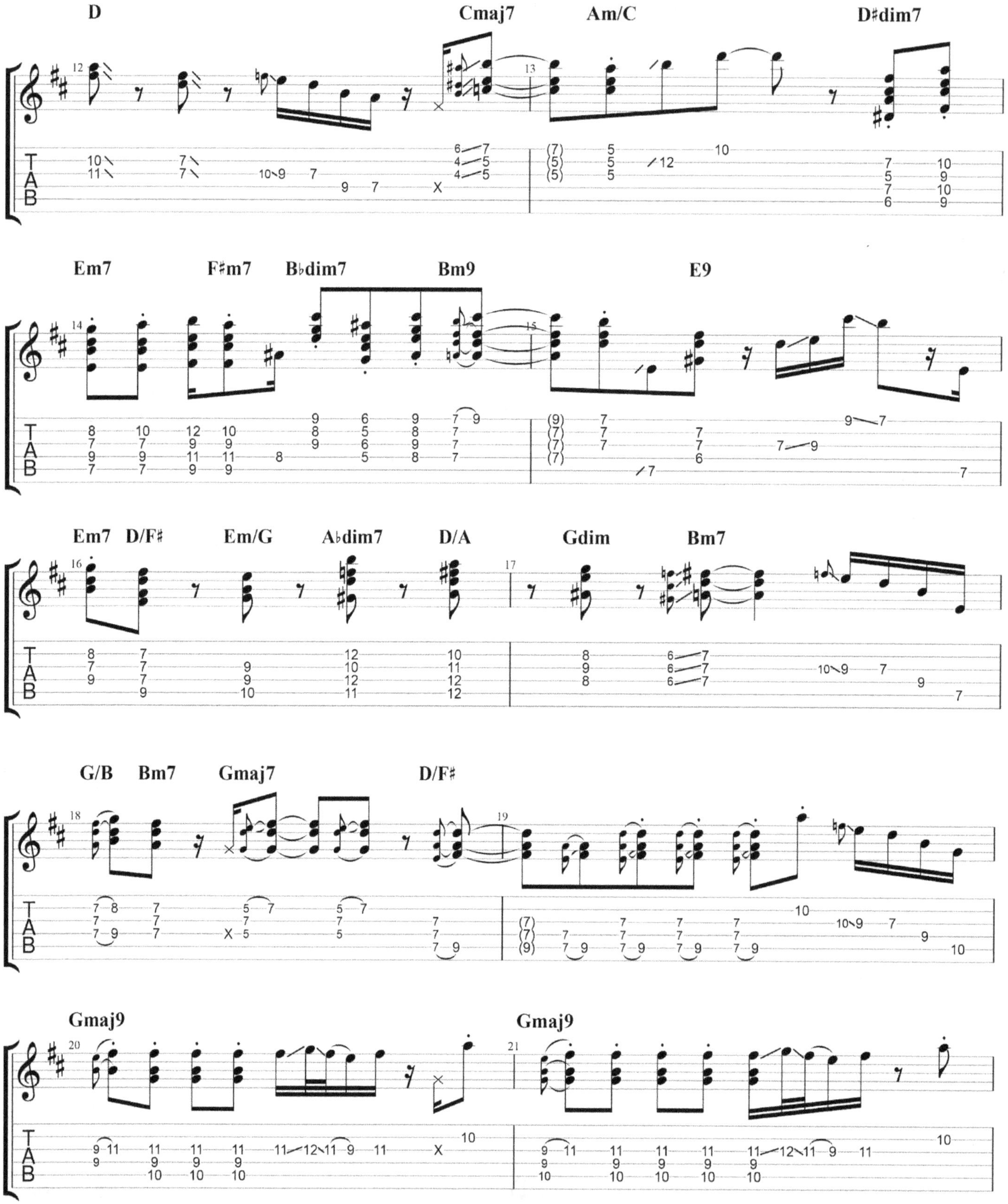
D
Cmaj7
Am/C
D♯dim7
Em7
F♯m7
B♭dim7
Bm9
E9
Em7
D/F♯
Em/G
A♭dim7
D/A
Gdim
Bm7
G/B
Bm7
Gmaj7
D/F♯
Gmaj9
Gmaj9

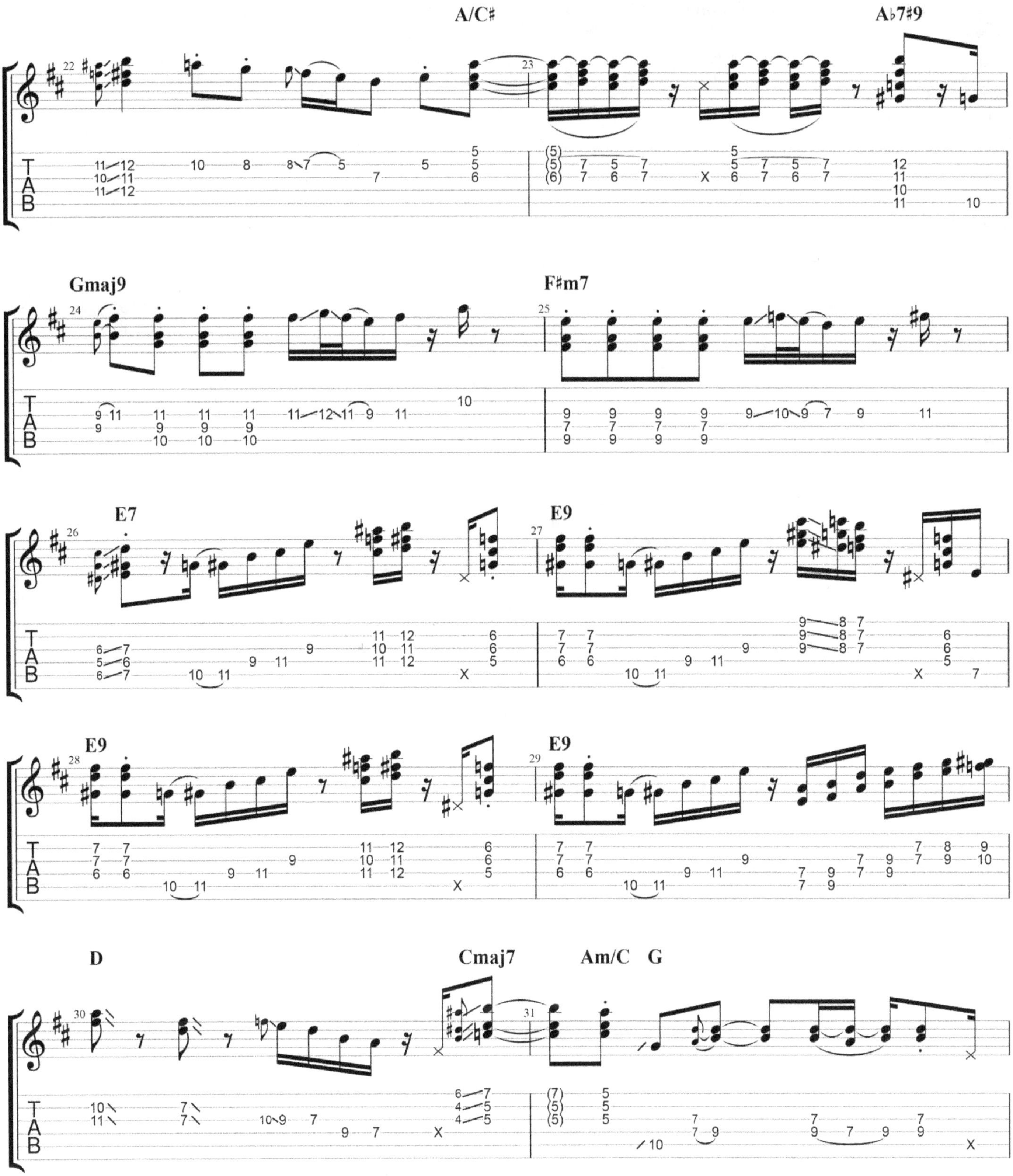
A/C♯
A♭7♯9
Gmaj9
F♯m7
E7
E9
E9
E9
D
Cmaj7
Am/C
G
TAB

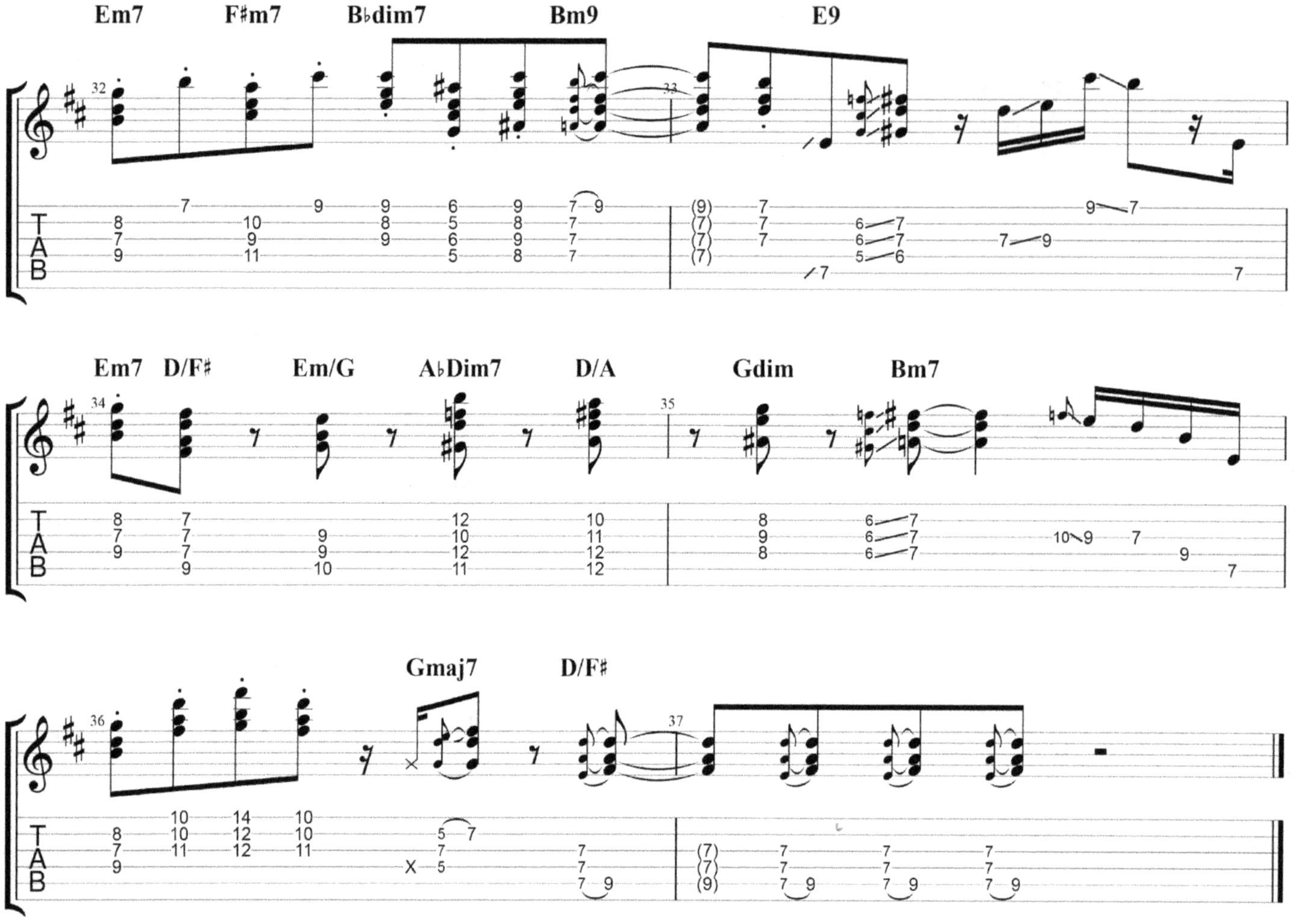
Em7
F♯m7
B♭dim7
Bm9
E9
Em7
D/F♯
Em/G
A♭Dim7
D/A
Gdim
Bm7
Gmaj7
D/F♯

Kapitel Elf – Der richtige Sound

Der Gitarrist

Der wichtigste Aspekt der Tonerzeugung ist die Person, die die Gitarre spielt. Die meisten professionellen Gitarristen können jedes Instrument oder jeden Verstärker großartig klingen lassen. Du bist die Quelle des Tons! Das erste, was du tun musst, ist sicherzustellen, dass jede Note, die du spielst, Sinn und Zweck hat. Jeff Beck, der einige der besten Gitarrenstücke der Welt aufgenommen hat, sagte: „Lieber eine Note gut spielen, als tausend Noten schlecht."

Die Gitarre

Es gibt keine spezielle Gitarre, die besser zum Spielen von Neo-Soul passt als eine andere, obwohl es einige Klassiker gibt, die man in Betracht ziehen könnte:

Fender Stratocaster

Fender Telecaster

Gibson ES-335

Paul Reed Smith

Diese und viele weitere Gitarren sind alle perfekt für den Job. Finde die Gitarre, die am besten zu dir passt.

Lerne dein Instrument kennen! Jedes Instrument hat subtile Nuancen, die es einzigartig machen. Finde heraus, wie deine Lautstärke-, Ton- und Pickup-Selektorregler deinen Sound subtil beeinflussen können.

Der Pickup-Selektor gibt dir die Kontrolle über den Ton, den deine Gitarre erzeugt. Der Pickup, der der Brücke am nächsten liegt, hat den hellsten, härtesten Ton und wird oft für Soli verwendet. Die Tonabnehmer erzeugen einen zunehmend wärmeren, weicheren Klang, wenn du dich in Richtung Hals-Pickup bewegst. Oftmals werden nur zwei der fünf möglichen Pickup-Selektor-Positionen (z. B. auf einer Strat) verwendet, wobei der warme Hals-Pickup für den Rhythmus und der Steg-Pickup für Soli und Riffs bevorzugt wird. Du solltest jedoch mit allen verfügbaren Pickup-Selektor-Optionen experimentieren. Hab keine Angst, die Konvention zu brechen.

Es gibt zwei Haupttypen von Tonabnehmern: Single-Coil und Humbucker. Single Coil Pickups haben einen klassischen, klaren Klang. Sie sind sehr dynamisch und bevorzugen saubere Töne. Humbucking-Pickups sind wärmer und klingen fetter.

Ein Irrtum ist, dass das Ausgeben von viel Geld dir ein wahnsinnig gutes Instrument garantiert. Wir raten dir, das bestmögliche Instrument zu kaufen, das du dir leisten kannst, und es von Grund auf zu lernen. Oftmals kann man durch den Kauf einer gebrauchten Gitarre das Doppelte an Qualität für die Hälfte des Geldes bekommen. Schau online und frage deine Freunde, was verfügbar ist. Lies Rezensionen und suche nach den Gitarrentypen, die in der Musik verwendet werden, die dir gefällt.

Der Verstärker

Wie bei der Gitarre gibt es keinen bestimmten Verstärker, der für den Neo-Soul-Sound entscheidend ist – obwohl Verstärker, die in der Lage sind, einen kristallklaren, sauberen Klang zu erzeugen, ein guter Ausgangspunkt sind. Einige unserer Favoriten sind:

Fender Princeton

Fender Deluxe Reverb

Brunetti Singleman

Supro Staatsmann

PRS Sonzera

Heutzutage steht eine riesige Auswahl an Verstärkern zur Verfügung, so dass die Wahl des Verstärkers auf den individuellen Geschmack und die Vorlieben abgestimmt ist.

Die Verstärkerregler, die deinen Sound formen, sind die Gain- und Equalizer-Regler. Obwohl die Einstellung des Gain-Reglers die Gesamtlautstärke beeinflusst, betrachte es als einen Klangregler und nicht als einen Lautstärkeregler. Durch die Einstellung der Verstärkung wird die im Verstärker hörbare Verzerrung erhöht oder verringert. Die Klangkreation ist sehr persönlich und subjektiv, also höre auf viele verschiedene Gitarristen und entscheide, was du hören willst. Dadurch gestaltest du den Sound nach deinen Wünschen.

Die EQ-Regler für Bass, Mitte und Höhen am Verstärker sind die Haupttonbildner und ermöglichen es dir, den Gitarrenklang an den gewünschten Ton anzupassen. Wenn du Zweifel hast stelle den EQ deines Verstärkers auf Sechs, Fünf, Sechs (Bass, Mitten und Höhen). Dies ist im Allgemeinen ein guter Ausgangspunkt für den Aufbau und funktioniert normalerweise beim Testen eines neuen Verstärkers.

Weitere Informationen zu den Verstärkereinstellungen findest du hier:

http://bit.ly/2CH1gUE

Pedale

Es sind nicht allzu viele Pedale erforderlich, um den Neo-Soul-Sound zu erzeugen, aber die Investition in einen hochwertigen Kompressor, Envelope Filter und Reverb wäre ein ausgezeichneter Ausgangspunkt. Einige unserer persönlichen Favoriten sind:

Wampler Ego Compressor

Keeley 4 Knob Compressor

Carl Martin Classic Opto-Compressor

Electro-Harmonix Q-Tron+

Strymon Flint

Walrus Audio Fathom

Saiten

Das Wichtigste, was du vor jeder Aufnahme oder Live-Session tun musst, ist, deine Gitarre neu zu besaiten. Wir haben die Saiten gerne schon einen ganzen Tag drauf, damit sie sich setzen können. Brandneue Saiten machen einen unglaublichen Unterschied im Gesamtton der Gitarre. Es ist immer wieder erstaunlich zu sehen, wie leblos und stumpf Saiten klingen können, auch schon nach nur einer Woche spielen.

Je weicher die Saiten, desto einfacher sind sie zu spielen. Harte Saiten haben einen dickeren, wärmeren Ton, aber Techniken wie das Benden können schwieriger sein. Probiere verschiedene Saitenstärken und Hersteller aus, bis du ein Set findest, das für dich geeignet ist. Für die Aufnahmen in diesem Buch verwendete Simon Ernie Ball Super Slinky Saiten mit einer Stärke von 9-42. Kristof mag härtere Saiten und benutzte D'Addario EXL116 11-52 für seine Aufnahmen.

Ein weiterer wichtiger Faktor bei der Tonerzeugung ist, wie man die Saiten anschlägt. Die Dicke deines Picks/ Plektrums beeinflusst deinen Ton. Je dicker der Pick, desto fetter und voller der Sound, während dünnere Picks in der Regel einen dünneren, funkelnden, klaren Ton erzeugen. Simon bevorzugt Jim Dunlop Jazz 3 Plektrum - ein Bereich seines Spiels, der sich im Laufe der Jahre nicht geändert hat. Er hat festgestellt, dass die Kontrolle, die er von diesen Picks erhält, besonders wenn es sich um Alternate-Picking handelt, das Vertrauen und die Kontrolle enorm steigert.

„Picks are for fairies!", ist ein weiteres Zitat von Tonmeister Jeff Beck! Er bezieht sich auf die Tatsache, dass man eine unglaubliche Kontrolle und Anschlag erlangen kann, wenn man jede Note nur mit den Fingern spielt. Die meisten Leute assoziieren Fingerpicking mit Rhythmus- und Akkordarbeit, aber mit der „Fingerpicked" Lead-Gitarre können einige der emotionalsten und kreativsten Sounds produziert werden. Leg dein Plektrum ab und spiele deine liebsten Lead-Lines mit den Fingern. Es ist auch möglich, Hybridpicking zu verwenden, wodurch du sowohl Fingerpicking als auch einen Pick gleichzeitig verwenden kannst. Kristof verwendet hauptsächlich Hybridpicking, um seinen Sound zu erreichen, und sein aktueller Favorit ist ein Mathas Guitars Jazztor 2.0mm mit abgeschrägten Kanten, da diese Picks in Kombination mit Fingern gut klingen.

Unser Equipment

Simon

Gitarre: Taylor T5

Amp: Kemper mit einem Michael Britt Fender Tweed Profile

Recording: Logic Pro

Ich benutzte meine Taylor T5 (danke Taylor), direkt in meinem Kemper mit einem Michael Britt Fender Tweed Profile. Ich habe jeden Track ziemlich sauber und trocken aufgenommen, dann etwas leichte Kompression und Plate Reverb mit Logics Space Designer Plugin hinzugefügt.

Kristof

Gitarre: Maybach Teleman T54 Vintage Cream

Effekte: Carl Martin Classic Opto-Compressor; Strymon Timeline; Walrus Audio Design Monument; Strymon Flint.

Amp: Brunetti Singleman 16W combo

Recording: Sennheiser e609; Scarlett Focusrite 2i2.

Ich habe einen ziemlich komprimierten, sauberen Sound mit ein wenig Plate Reverb und Mikrofon für die Beispiele eingerichtet. Für *Fat Rat* benutzte ich weniger Kompression, fügte die Strymon Timeline für etwas Delay und das Harmonische Tremolo des Walrus Audio Design Monument hinzu, um eine schöne, aber subtile Modulation zu erzeugen.

Mit anderen Musikern spielen

Bisher hast du Licks gelernt, coole und inspirierende Improvisationen kreiert und deinen Ton entwickelt. Indem du mit anderen Musikern zusammenarbeitest und siehst, wie sie Musik machen, wirst du eine genauere Idee davon bekommen, wie du deinen eigenen Ton und Stil kreieren kannst. Bitte die Musiker, mit denen du zusammenarbeitest, dir konstruktives Feedback über deinen Sound zu geben und dir Ideen zu geben, die ihn verbessern können.

Musik soll gespielt werden und es gibt kein besseres Gefühl als Jammen! Unser bester Tipp für das Jammen mit anderen Musikern ist: „Spiele mit Leuten, die besser sind als du". Die Zusammenarbeit mit Musikern, die technisch und musikalisch fortgeschrittener sind, wird dich begeistern. Das Erlernen der Musiknotation und das gute Verständnis der modernen Musiktheorie kann dir helfen, mit anderen Musikern zu interagieren.

Wenn du aus irgendeinem Grund nicht mit anderen Musikern spielen kannst, warum investierst du nicht in ein Looper-Pedal (wie das TC Electronic Ditto), um mit mehr Live-Feeling zu spielen?

Backing Tracks und Drum Tracks

Eine Sache, die wir für extrem wichtig halten, ist der Spaß am Spielen! Das ist das, was wir hier bei Fundamental Changes am meisten schätzen. Obwohl es für uns unmöglich ist, ein tatsächliches Bandszenario für dich zusammenzustellen, haben wir Neo-Soul Backing- und Drum-Tracks produziert, um ihm so nahe wie möglich zu kommen.

Backing Tracks

Backing Track Eins: Amaj7, G#7, C#m

Der erste Backing-Track basiert auf der Tonart C#m und folgt der oben gezeigten dreiteiligen Harmoniefolge. Er hat einen klassischen Neo-Soul-Vibe im Stil von J Dilla. Die C#m Pentatonik-Tonleiter (C# E F# G# B), die C# Blues-Tonleiter (C# E F# G G# B) und die C# Natürlich Moll-Tonleiter (C# D# E F# G# A B) sind perfekte Entscheidungen, um über diese Harmoniefolge Solo zu spielen.

Backing Track Zwei: Em9, Balt

Backing Track Zwei hat einen ausgeprägten Tom Misch-Touch. Er wechselt zwischen einem Em9-Akkord und einer Vielzahl von alterierten B-Akkorden, wie zum Beispiel #5, aber auch einem Bm9-Akkord. Dieser Backing Track ist bewusst mehrdeutig und du kannst entweder die e-Moll-Pentatonik (E G A B D) oder B-Moll-Pentatonik (B D E F# A) beim Solospiel verwenden. Experimentiere und folge auch der Melodielinie.

Backing Track Drei: Am7, Em7, Fmaj7

Backing Track Drei ist eine dreiteilige Harmoniefolge in der Tonart a-Moll. Die a-Moll-Pentatonik (A C D E G), die A-Blues-Tonleiter (A C D Eb E G) und die Natürlich-Moll-Tonleiter in A (A B C D E F G) werden über diese Harmoniefolge gut funktionieren. Dieser Track ist im Stil von Kerry „2 Smooth" Marshall.

Backing Track Vier: E, G#m7, A6, A/B, B7b9

Dieser Backing Track ist dem Beispiel 6r entnommen. Die E-Dur-Tonleiter (E F# G# A B C# D#) funktioniert perfekt, wenn man über diesem Beispiel solo spielt. Um zusätzlich zu punkten, solltest du einige natürliche Obertöne hinzufügen.

Zusätzlich sind Backing Tracks zu den kompletten Songs in diesem Buch enthalten, so dass du selbst üben und aufnehmen kannst, wenn du zu jedem Stück mitspielst.

Drum Tracks

Es gibt eine Vielzahl von Beispielen in diesem Buch und während die Verwendung eines Metronoms die grundlegendste Form der Übungspraxis ist, kann es ein wenig langweilig werden. Um dem entgegenzuwirken, haben wir fünf Drum Tracks in verschiedenen Geschwindigkeiten erstellt, mit denen du die im Buch gezeigten Beispiele üben kannst, aber auch als kreatives Werkzeug, um deine eigenen Neo-Soul-Ideen zu schreiben.

Die Drum Tracks haben jeweils ein unterschiedliches Feeling, einige mit tighten Grooves und andere mit einem lockereren Feeling, um verschiedene Aspekte des Neo-Soul-Sounds zu repräsentieren.

Schluss

Egal, ob du gerade erst deine Neo-Soul-Reise beginnst oder ein erfahrener Gitarrist bist, wir glauben, dass jeder davon profitieren kann, wenn du die in diesem Buch vorgestellten Techniken und Ideen verinnerlichst und weiterentwickelst. Verwende die Beispiele als Ausgangspunkt für die Erschaffung eigener musikalischer Linien, Phrasen und kompletter Songs. Lass dich von deinen Ohren führen und verlasse dich nicht auf die Fingersätze und Tonleiterformen, von denen du weißt, dass sie die „sicheren Töne" sind. Denke an das Sprichwort: „Wenn es gut klingt, ist es so. Wenn es schlecht klingt ... ist es wahrscheinlich auch so!"

Übe, was du nicht kannst, nicht, was du schon kannst! Dies ist ganz einfach der beste Rat, den wir jedem Musiker geben können, der sich verbessern möchte.

Unsere Leidenschaft im Leben ist es, Menschen beizubringen, zu spielen und sich durch die Gitarre auszudrücken. Wenn du Fragen hast, melde dich bitte bei uns und wir werden unser Bestes tun, um so schnell wie möglich zu antworten.

Du kannst uns kontaktieren über:

simeypratt@gmail.com und,

kristof_neyens@hotmail.com

Oder über den Fundamental Changes YouTube-Channel.

Schau dir unsere Instagram-Channels an, um zu sehen, was wir in unserem eigenen Spiel so treiben:

Simon: @simeygoesfunkay

Kristof : @kristofneyens guitar

www.ingramcontent.com/pod-product-compliance
Lightning Source LLC
Chambersburg PA
CBHW081428090426
42740CB00017B/3224